U0049388

目 錄

隋唐 89

宋遼金元 151

明清 201

前言 | 何林

　　1975年甘肅廣河縣齊家坪墓葬和1976年青海貴南縣尕馬台墓葬，各出土了一面銅鏡，這兩處墓葬均屬齊家文化，這兩面銅鏡的出土，標誌著中國古代銅鏡至少在四千多年前就已出現，這是目前我們發現僅有的、最早的兩面銅鏡。至於我國古代銅鏡最早從什麼時候開始鑄造、使用，目前還不清楚，有待今後的考古發掘和研究。

　　我國古代銅鏡從齊家文化時期開始出現，經過漫長歷史時期的發展、演變，一直延續到清朝，其間雖然經歷了各個社會時期的動亂、變革，銅鏡的鑄造及使用從未間斷過。

　　甘肅廣河縣齊家坪墳墓出土的銅鏡，素面無紋，形制古樸。青海貴南縣尕馬台墓葬出土的銅鏡，背面有七角星狀紋飾和弦紋，它們的鑄造水準不高，工藝很粗糙，紋飾也不規範，還處於銅鏡的初始階段。

　　商周時期的銅鏡，目前發現有二十一面，分別出土於河南、陝西、北京、遼寧地區，均為圓形，多數背面有鈕，其中十四面銅鏡上無紋飾，七面銅鏡上只有一些幾何紋和動物紋飾。這時期的銅鏡雖然數量有所增多，但還是處於我國古代銅鏡的形成階段，與商周時期的青銅禮器、生活工具、兵器相比，數量還是很少，反映出這時期銅鏡的鑄造和使用還相對落後。

　　春秋戰國時期銅鏡的數量已遠遠超過了商周時期銅鏡數量，確切的數字已很難統計。這時期銅鏡數量不僅增多，而且出土的地域也很廣泛，以湖南、湖北、江蘇、安徽等地出土的數量最多，陝西、山西、河南、河北、吉林、遼寧、內蒙古、四川、山東、廣東、廣西等地也有出土。這表明銅鏡在社會生活中的普及率不斷提高，銅鏡鑄造業在春秋戰國時期得到快速發展。這時期銅鏡絕大多數都是圓形，極少數是方形，鏡背面中心多數為一鈕，少數有多個鈕的，有的鈕為透空狀，一般鏡鈕較小，多為弦鈕，鏡體較薄，鏡面較平直，多數鏡邊緣上捲。紋飾內容很豐富，有一些與這時期青銅器上的紋飾相似，出現了弦紋、羽狀紋、葉狀紋、幾何紋、山字形紋、蟠螭紋、連弧紋、動物紋等。個別銅鏡上還以彩繪、錯金銀等工藝作裝飾，紋飾流暢整齊，搭配和諧，突出主題，形成了這一時期銅鏡紋飾的特點，顯示出春秋戰國時期的銅鏡已趨向規範化。

　　秦代的銅鏡無論形制上，還是紋飾方面，都延續戰國晚期銅鏡的風格和特點，鏡體較薄，鏡面平直，紋飾以蟠螭紋、葉狀紋、動物紋等為主。由於秦代的時間較短，銅鏡數量相對也少。

　　到了漢代，銅鏡數量不僅比戰國時期增多，而且出土的地域也更加廣闊，鑄造的規模和技術，都有了很大的發展和進步。銅鏡上的裝飾內容也更加豐富了，西漢早期

的銅鏡，除了繼續延續戰國晚期銅鏡的形制特點和紋飾風格外，又出現了新的形制和裝飾內容，其中用銘文裝飾銅鏡是這時期的一個顯著特點。

西漢早期銅鏡上的銘文字數還比較少，主要內容是吉語，如：「大樂貴富，千秋萬歲，宜酒食」、「愁思悲，願君忠君不說，相思願毋絕」等。這些銘文與紋飾搭配來裝飾銅鏡，以鏡鈕為中心環繞布局。紋飾主要有蟠螭紋、連弧紋、草葉紋、幾何紋、動物紋、鳳鳥紋等，一般主紋間還配有地紋，主紋的線條較粗，地紋線條細密。

西漢中晚期，銅鏡的尺寸逐漸加大，鏡體亦趨厚重，鏡鈕由早期的弦鈕變為半球形鈕，鏡緣也由窄捲緣變為平素寬緣。鏡上的地紋逐漸消失，主紋更加鮮明突出，主要紋飾有草葉紋、四乳四神紋、星雲紋、博局紋、鳥獸紋、禽獸紋、連弧紋等。這時期銘文字數增多，逐漸成為銅鏡上的主要裝飾內容，銘文內容除了吉語外，還出現了祝福、相思、祈求富貴等內容，如：「常相思，毋相忘，常貴富，樂未央」、「日有熹，月有富，樂毋事，常得意，美人會，竽瑟侍，賈市程萬物」等。西漢晚期紀年鏡開始出現，如：王莽時期的「始建國天鳳二年作好鏡，常樂富貴莊君上，長保二親及妻子，為吏高遷位公卿，世世封傳于毋窮」。昭明鏡、日光鏡盛行，如：「內清質以昭明，光輝象乎日月，心忽揚而願忠，然雍塞而不泄」等。這時期常見的銅鏡有昭明鏡、日光鏡、四乳禽獸紋鏡、草葉紋鏡、星雲紋鏡、博局紋鏡等。

從王莽時期到東漢中期，官方鑄造的「尚方」銘鏡大量流行，私人經營的姓氏作鏡開始出現。銅鏡的形制、紋飾、銘文除了仍然延續西漢銅鏡的風格外，新出現的青龍、白虎、朱雀、玄武紋飾是這時期的特點，牛、羊、虎、龍、鹿等動物紋飾也大量出現。紀年、十二地支、「尚方」銘、私人姓氏銘等內容的銘文開始盛行。這時期在鏡緣上裝飾雙線齒形紋、雲紋最為常見。

東漢中期以後，銅鏡的紋飾題材和表現技法有了較大變化，形象各異的神獸、禽獸、龍虎、車馬人物畫像等題材成為銅鏡的主題紋飾，這些紋飾大多採用了高浮雕的手法，使紋飾的視覺效果，由以前的平面線條轉變為半立體狀。銘文以「尚方」銘最常見，還出現了記述銅鏡金屬成分、讚美銅鏡等內容。鏡緣常飾雲紋、齒形紋、鳥獸紋等。

三國、兩晉、南北朝時期銅鏡的形制、紋飾，總體上延續東漢時期銅鏡的風格和特點。圓鈕趨向扁平，出現了蓮花瓣鈕座。但紋飾和銘文都不如東漢時期精細，半圓形凸枚和方形凸枚紋飾在銅鏡上最常見。這時期紀年鏡較多，常見的紀年有建安、黃武、黃龍、甘露、天紀、太康等。

隋唐時期尤其是唐代，社會安定、經濟繁榮、對外文化交流頻繁，促進了經濟的發展，也使銅鏡鑄造技術和工藝水準發展到了一個新的高度，銅鏡在人們生活中被廣泛使用。銅鏡裝飾藝術在這時期達到了鼎盛。

　　隋代的銅鏡數量比唐代少，種類也不多，但紋飾出現了很大變化，擺脫了漢代銅鏡的風格，紋飾生動活潑，寫實性強，以瑞獸、十二生肖最為常見。銘文出現四言騈體形式，如：「靈山孕寶，神使觀爐，形圓曉月，光清夜珠，玉台希世，紅妝應圖，千嬌集影，百富來扶」等。

　　唐代銅鏡種類繁多，形制多變，紋飾複雜，既繼承了傳統藝術風格，也吸收了外來的文化藝術。造型、紋飾上有了很多創新，形制上突破了圓形、方形傳統格式，出現了大量葵花式鏡、菱花式鏡，還有六角、八角及亞字形鏡等。裝飾方法採用浮雕、彩繪、鎏金、金銀平脫、嵌螺鈿及鑲金銀殼等新工藝，鑄造工藝之精細，達到了前所未有的水準。紋飾方面出現以瑞獸葡萄紋、花鳥紋、寶相花紋等為代表的新的裝飾內容，紋飾新穎、精美，活潑生動，鏡體厚重，銅質細膩，鏡鈕形制多種多樣，有獸形、蛙形、花瓣形、圓形、橋形等幾種。常見的銅鏡有瑞獸葡萄紋鏡、花鳥紋鏡、寶相花紋鏡、人物故事紋鏡、月宮鏡、真子飛霜鏡、盤龍鏡等。這時期的銘文多以詩歌形式出現，如：「花發無冬夏，臨台曉月明，偏識秦樓意，能照美妝成。」漢代銅鏡的銘文風格此時已經消失。

　　銅鏡上的瑞獸葡萄紋，隋唐時期首次出現，而且廣為流行，葡萄紋是這一時期的重要題材，它的特點是以高浮雕瑞獸葡萄紋為主題紋飾，以蜂蝶、雀鳥和花草作為陪襯，布滿鏡背面。

　　唐代晚期，經濟衰退，戰爭不斷，銅鏡藝術日趨衰落。

　　宋遼金元時期社會局面較為複雜，戰爭不斷，但社會生產力卻發展到了一個高峰，手工業興旺，商品經濟繁榮，銅鏡的使用在人們生活中更加普及。這時期不僅官府造鏡，私家作坊造鏡也非常流行，鏡背上常能見到有鑄鏡者的字號、工匠姓氏、作坊的所在地等。為防止假冒，有的還標明具體的街巷地點，並鑄有宣傳性質的銘文，如：「湖州鏡鑒局乾道陸年煉銅監（押）」、「湖州真石家無比煉銅（照）子」、「湖州儀鳳橋石家真正一色青銅照子記」等。宋代鑄鏡以浙江的湖州、臨安，四川的成都，福建的建州，江西的饒州、吉州，湖南的潭州，江蘇的建康等地最為著名。傳統的銅鏡風格在這一時期發生了重大變化，帶柄鏡首次出現並開始流行，還出現一些仿古鏡，如仿漢、仿唐鏡等。銅鏡的實用性逐漸增強，有的鏡子帶有活動支架，有的還有鏡座，這些特徵都是前代所沒有的。常見的有亞字

形、葵花形、鐘形、鼎形、瓶形、桃形、方形、長方形等鏡形。宋鏡體輕胎薄，鏡鈕小，無鈕鏡增多。紋飾多來源於自然界題材，以纏枝花、牡丹、菊花、桃花、鳥獸、雙魚、雙鳳、山水樓台、神仙人物故事等紋飾最為常見。此外，有的圖案還吸收了繪畫、織繡、漆器中的題材和技法。

遼金銅鏡受宋代銅鏡影響很深，形制和紋飾除了繼承宋代銅鏡的藝術風格和特點外，還出現一些新的特點，如鏡上出現契丹銘文、鏡緣上鏨刻官府驗記文字和押記等。遼金鏡中除了紀年鏡、花卉紋、雙魚紋、歷史人物故事、童子戲花鏡外。仿漢、仿唐鏡也常見。

元代銅鏡主要還是延續宋代銅鏡的風格和特點，有的銅鏡上出現了八思巴文，或與雜劇有關的故事內容。元代重視佛教，紋飾常採用具有佛教特色的蓮花紋、八寶紋等。這時期銅鏡整體製作水準不高，鑄造工藝低下，紋飾粗獷。

明清時期的科學技術水平超過前代任何時期，官營手工業和私人手工業都很發達，如乾隆時期，僅北京就有銅鋪幾百家，蘇州銅作數千家。這些都為鑄鏡業的發展奠定了基礎。

故宮是明清兩代皇宮，收藏有大量明清時期銅鏡，其中多數為宮廷內府所造，銅鏡種類豐富，社會上流傳很少。

明代銅鏡大體分為兩大類，一是仿古鏡，主要是仿漢、仿唐鏡。二是具有明代特色的銅鏡，包括宮廷內府製鏡和民間鑄造的銅鏡。明代除了圓形鏡、方形鏡、葵花鏡、菱花鏡、帶柄鏡外、爐形、鐘形、瓶形、雙菱形等特殊造型的銅鏡增多，這類鏡無鈕，鏡體較為平直，紋飾比較簡單，銘文也不多。紋飾主要有龍紋、鳳紋、魚紋、蝙蝠紋、人物及八寶紋等。銘文除了年款和鑄鏡者姓氏外，內容一般都是福壽、科舉、多子等吉祥題材。

明代嘉靖、隆慶、萬曆時期仿古鏡最為常見，主要以仿漢鏡最多，其造型、紋飾仿造得都比較逼真，一些在鏡上鑄有年款。如隆慶元年鏡是仿漢代昭明鏡，鈕的右側紋飾上鑄有「隆慶元年」四字，年款周圍沒有紋飾，這類銅鏡形制比較單一，主要是模仿，以圓形最多。

另外一些具有明代特色的銅鏡。如，洪武年款鏡、萬曆甲寅銘鏡、鎏金龍鳳紋鏡、雙蝠菱形鏡、五嶽真形鏡、八寶紋鏡、九世同居鏡、任小軒造鏡、長方形素鏡等。其中洪武年款鏡較多，形制一般為圓形，有鈕，周圍飾浮雕單體四爪龍，龍尾與爪纏繞，周圍有朵雲，龍左側有一長方章形款記：「洪武二十二年正月日造」。此類鏡多為圓形，有的帶二腿形支架。雙蝠菱形鏡是宮廷內府造，銅質非常精細，

鏡緣凸起，兩側飾雙蝠，紋飾周圍填黑漆。因為「蝠」與「福」諧音，所以，明清時期的器物上常飾有這種紋飾。

明代民間鑄造的銅鏡傳世數量很多，總體看，鑄鏡的技術和質量，遠不及宮廷內府造鏡。民間鑄鏡注重實用，形制簡樸，胎質較厚、較粗，銅鏡上常有匠人的姓氏名稱等。如任小軒造鏡，這是民間私人鑄造的。圓形，鏡背略凹，鈕右側飾標記紋飾及「任小軒造」四字，鑄造簡單，無其它紋飾。另外，江西南城明墓也出土一面「萬年己丑年任小軒鑄造」鏡，鈕上有一「任」字，無紋飾，鑄造也較粗糙。

清代隨著玻璃鏡的普及，銅鏡逐步被取代。銅鏡在人們生活中的作用逐漸消失，但是並不代表銅鏡消失，宮廷內府造鏡和私人鑄鏡都在繼續。清代銅鏡分兩大部分，一是清宮造辦處鑄造的銅鏡，二是民間地方造鏡。

宮廷造鏡以乾隆時期造辦處鑄造的銅鏡最多、最好。這些銅鏡中，有仿古鏡，也有宮廷特色濃郁的銅鏡。如乾隆款博局紋鏡、乾隆款瑞獸葡萄紋鏡，是仿漢、唐鏡，鏡鈕上有「乾隆年製」，紋飾已失去漢唐時期的神韻，有的紋飾已變形，融入了很多清代的風格和特點。具有宮廷特色的銅鏡，如嵌琺瑯纏枝紋鏡，彩漆雙喜龍鳳紋鏡，鎏金雙獸鈕鏡，人物紋木柄鏡等。則代表了宮廷鑄鏡的水準。

這時期銅鏡的實用性減弱，觀賞性增強了，尤其是乾隆時期，清宮造辦處鑄造的銅鏡，賞玩價值已遠遠大於它的使用價值，乾隆皇帝十分重視文物典籍的收藏與整理，命大臣們仿效《西清古鑑》和《寧壽鑑古》，又編成了專門收藏銅鏡的《西清古鑑》和《寧壽鑑古》。這兩套書外表似書，裏面是用楠木製作，用來收藏銅鏡，書中不僅有漢唐時期的銅鏡，還有造辦處鑄造的銅鏡。根據這些銅鏡的大小，在書中做槽，把銅鏡嵌入其中，封面右側縱書「西清古鑑」四字，其字下有該冊的順序號，書中記有銅鏡的名、尺寸，後頁有大臣所繪山水畫。另外，清宮造辦處鑄造的一些帶乾隆款的銅鏡，也選入木書中，編成《葆光規古》、《朗鑑函輝》。

清代民間鑄鏡無論在銅質材料、鑄造水準及形制種類和裝飾方面，都不如宮廷鑄鏡，一般質地粗糙，紋飾、文字簡陋。這時期以湖州薛晉侯（惠公）鑄鏡最著名，有圓形、方形、帶柄等鏡。如薛晉侯款鏡。鏡體較大，厚重，圓鈕，鈕上飾「湖州薛晉侯自造」七字。周圍飾四十六人，人物形態各異，生動活潑。在民間作坊中薛晉侯作鏡具有較高水準。

明清時期的銅鏡在繼承傳統風格的同時，更多地體現了明清時期的時代風格和特點，由於中西文化交流日益頻繁，玻璃鏡的逐步普及，對明清時期銅鏡產生很大影響，使銅鏡在形制、紋飾、鑄造工藝等方面都有很多創新。

戰

國

戰國時期銅鏡鑄造業得到快速發展，製作技術逐漸成熟，銅鏡的形制、紋飾都已趨向規範化，奠定了中國古代銅鏡發展的基本模式。

這時期的銅鏡絕大多數為圓形，鏡背中心有一鈕，一般鏡鈕較小，多為弦鈕。鏡體較薄，鏡面比較平直，多數鏡緣上捲。常見的紋飾有羽狀紋、葉紋、山字紋、蟠螭紋、連弧紋、幾何紋、動物紋等。以地紋襯托主題紋飾，是這一時期銅鏡紋飾的特點。如用羽狀紋作地紋，常見的銅鏡有四山紋鏡、五山紋鏡、菱形紋鏡、四獸紋鏡等。葉紋經常裝飾在鈕周圍或鈕座旁，如十二葉紋鏡、四山紋鏡、五山紋鏡等。山字紋、蟠螭紋、動物紋等常作為主題紋飾，如四山紋鏡、五山紋鏡、蟠螭紋鏡、連弧蟠螭紋鏡等。山字紋則有三山紋、四山紋、五山紋、六山紋等變化。

1
寬帶紋鏡
【戰國】
直徑18.5公分

◎圓形。弦鈕。鈕外有凹面寬帶紋一周，近緣處飾寬帶紋一周。緣上捲。鏡體較薄。

◎戰國早期的素鏡，鑄造較粗，紋飾簡單，比較常見的有弦紋、凹面寬帶紋等。

2
連弧紋鏡
【戰國】
直徑18.7公分

◎圓形。弦鈕。鈕周圍飾寬帶紋一周，寬帶紋外飾十一內向線狀連弧紋。窄緣上捲。鏡體較薄。

3

十二葉紋鏡

【戰國】
直徑9公分

◎圓形。鈕殘，方鈕座。鈕座外飾四長葉紋，間飾四桃形葉紋，長葉內飾連珠紋。外圍飾四桃形葉紋，葉兩旁各有一角狀紋飾。雷紋作地紋。窄緣。

◎戰國時期除了素鏡外，一般有紋飾的鏡子上都有地紋，羽狀紋、雲錦紋是比較常見的地紋。

4
四山紋鏡
【戰國】
直徑17.3公分　重487克

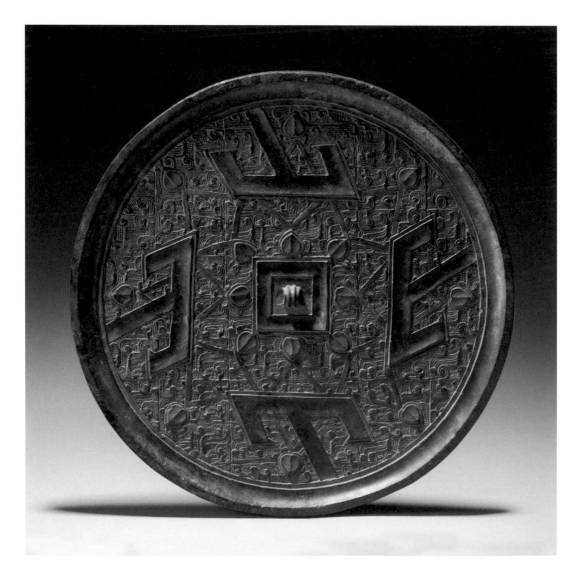

◎圓形。弦鈕，方鈕座。鈕座周圍飾八花葉紋及八角形紋。主紋飾為四山紋，間飾八花葉紋，羽狀紋作地紋。窄捲緣。

◎山字鏡多為湖南長沙地區出土。有三山、四山、五山、六山等幾種，三山鏡比較少見，四山、五山鏡最為常見。山字鏡是戰國時期流行的銅鏡。

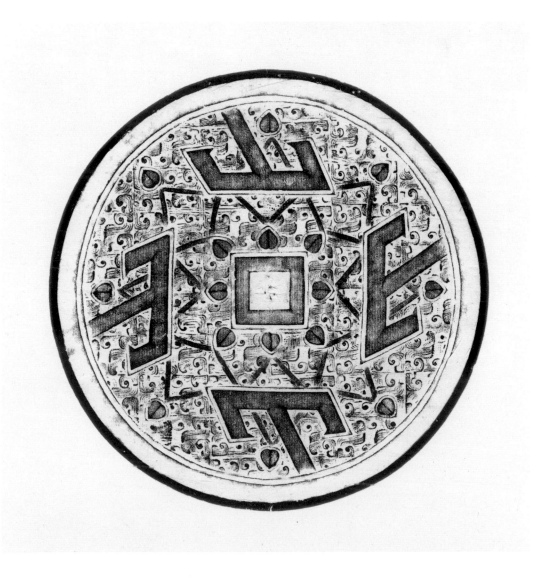

5
四山紋鏡
【戰國】
直徑11.6公分

◎圓形。弦鈕,方鈕座。鈕座四角各飾一桃形葉紋,主紋飾為四山紋,間飾桃形葉紋,羽狀紋作地紋。窄捲緣。

6
五山紋鏡
【戰國】
直徑14公分

◎圓形。弦鈕，圓鈕座。鈕外飾寬帶紋一周，主紋飾為五山紋。羽狀紋作地紋。凸緣。

7

五山紋鏡
【戰國】
直徑11.3公分

◎圓形。弦鈕，圓鈕座。鈕座周圍飾五桃形葉紋，主紋飾為五山紋。羽狀紋作地紋。素緣上捲。

8

菱形紋鏡
【戰國】
直徑11.2.公分

◎圓形。弦鈕，方鈕座。鈕座周圍飾以寬帶紋組成的菱形紋，菱形紋由角形寬帶紋相連。羽狀紋作地紋。素緣上捲。

9

四獸紋鏡

【戰國】
直徑16.8公分　重326克

◎圓形。弦鈕，圓鈕座。鈕座周圍飾四獸紋，獸與獸相連，短身長尾，口吐長舌。羽狀紋作地紋。寬緣上捲。

◎此類紋飾鏡在湖南、安徽等地均有出土，屬於戰國末期，

10
鳳鳥紋鏡
【戰國】
直徑13.8公分

◎圓形。弦鈕，方鈕座。鈕座四角外各飾鳳紋，間飾四鳥紋。以連珠紋組成的勾連雷紋作地紋。素捲緣。

◎此類銅鏡數量很少。

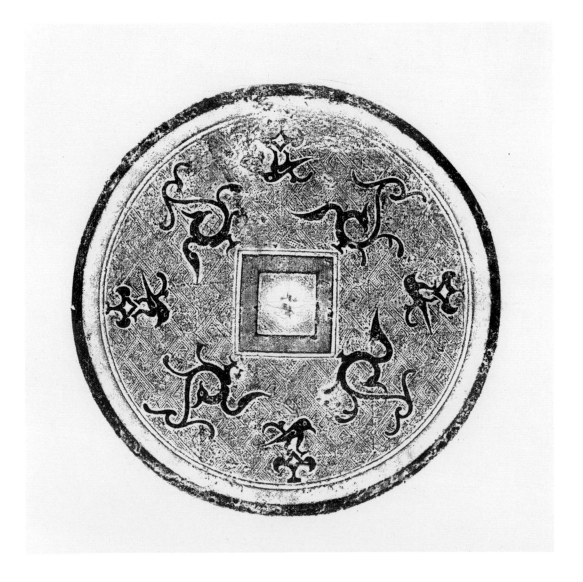

11
蟠螭紋鏡
【戰國】
直徑19.3公分　重527.4克

◎圓形。半球形鈕。鈕座鏤空，鈕座周圍飾寬帶紋一周，外圍飾蟠螭紋，雷紋作地紋。窄捲緣。

◎春秋戰國時期的青銅器上流行蟠螭紋，這一時期的銅鏡上，雖然也有蟠螭紋，但蟠螭紋的形狀及風格均已改變。

12
蟠螭紋鏡
【戰國】
直徑19.5公分　重484克

◎圓形。弦鈕，圓鈕座。鈕座周圍飾弦紋二周，絢紋及寬帶紋各一周，其外主紋飾為三蟠螭紋，間飾菱形紋。雷紋作地紋。窄緣上捲。

13
連弧蟠螭紋鏡
【戰國】
直徑14.4公分

◎圓形。弦鈕，圓鈕座。鈕座由雙直線分為四區，每區均飾雷紋及連珠紋，周圍飾寬帶紋及絢紋各一周。主紋飾為八內向連弧紋一周，連弧紋周圍飾蟠螭紋。近緣處飾絢紋一周。雷紋作地紋。窄緣上捲。

14
連弧蟠螭紋鏡
【戰國】
直徑18.3公分

◎圓形。弦鈕，圓鈕座。鈕座周圍飾雷紋、寬帶紋及絢紋各一周，其外飾八內向連弧紋一周，周圍飾蟠螭紋。近緣處飾絢紋一周。雷紋作地紋。窄緣上捲。

兩
漢

兩漢時期銅鏡鑄造業的規模和技術，都比戰國時期有了很大的進步和發展。銅鏡上的裝飾內容和表現手法豐富多樣。

西漢早期銅鏡，除了延續戰國晚期銅鏡的形制特點和紋飾風格外，還出現了用銘文來裝飾銅鏡，如「脩相思，毋相忘，常樂未央」、「天上見長，心思君王」等。這些銘文圍繞鈕座，或分布在紋飾周圍。紋飾主要有弦紋、蟠螭紋、連弧紋、草葉紋、幾何紋、動物紋、鳳鳥紋等。其中弦紋多數都是以圓形環繞鏡鈕，或裝飾在鏡緣旁。

西漢中期，銘文逐漸成為銅鏡上的主要裝飾內容，地紋逐漸消失，鏡面逐漸加大，鏡鈕由早期的弦鈕演變為半球形鈕。昭明鏡、日光鏡盛行。紋飾主要有草葉紋、星雲紋、博局紋、鳥獸紋、禽獸紋、連弧紋等。

西漢晚期，鏡緣由寬捲緣變為平素捲緣，緣上常裝飾雙線齒形紋、雲紋等。紀年鏡開始出現。這時期常見的銅鏡有昭明鏡、日光鏡、四乳禽獸紋鏡、博局紋鏡等。

東漢早期，官方鑄造的「尚方」銘鏡盛行，私人作坊的姓氏鏡開始出現。銅鏡的形制、紋飾、銘文除了仍然延續西漢銅鏡的風格外，出現了青龍、白虎、朱雀、玄武四神紋飾，牛、羊、虎、龍、鹿等動物紋飾大量出現。

東漢中期，銅鏡的紋飾題材和表現技法有了較大變化，形象各異的禽獸、神獸、龍虎、車馬人物畫像等成為銅鏡的主題紋飾，這些紋飾大多採用浮雕式手法。姓氏鏡大量流行，如杜氏、呂氏、李氏等。鏡緣常飾雲紋、齒形紋、鳥獸紋等。

東漢晚期，浮雕畫像鏡逐漸增多，鏡上常飾有半圓及方形枚，三角緣鏡增多。紀年鏡大量出現，如熹平元年鏡、建安廿四年鏡等，銘文中常有「君宜高官」、「位至三公」等內容。

15
脩相思銘鏡
【西漢】
直徑13.7公分

◎圓形。弦鈕，圓鈕座。鈕座周圍飾弦紋、雷紋和銘文各一周，紋飾和銘文間用弦紋隔開，其外飾三鳥紋間飾三螭紋。近緣處飾弦紋、絢紋、斜線紋各一周。雷紋作地紋。窄緣上捲。

◎銘文為「脩相思，毋相忘，常樂未央」十字。銘文中有「魚」圖案，應為起始符號。

16
昭明銘鏡
【西漢】
直徑14公分　重283克

◎圓形。弦鈕，蟠螭紋鈕座。鈕座周圍飾銘文一周，其外飾蟠螭紋及銘文一周。窄緣上捲。

◎鈕旁銘文為「內清質以昭明，光輝象夫日月，心忽」十四字。

◎外圈銘文為「揚而願忠，然壅塞而不泄，懷靡美之窮，皑外承驩之可說，慕窈窕之靈景，願永思而毋絕」三十四字。

◎銅鏡上的銘文是從戰國晚期才開始出現，到西漢時期，銘文裝飾銅鏡比較普遍，銘文多是吉祥語、祝福、誇讚等內容，反映出當時的現實生活。

17

心思君王銘鏡

【西漢】

直徑8.8公分

◎圓形。弦鈕，方鈕座。鈕座周圍飾寬帶紋及銘文一周，銘文間飾四葉紋，其外飾草葉紋及四乳丁紋。近緣處飾弦紋一周。窄緣上捲。

◎銘文為「天上見長，心思君王」八字。

18
鳥書銘鏡
【西漢】
直徑14公分

◎圓形。伏獸鈕，方鈕座。鈕座周圍飾寬帶紋二周，間飾銘文一周，銘文為鳥篆，每邊三字。外圍飾草葉紋，緣飾十六內向弧紋。

◎銘文為「常富貴，安樂用，天羊至，毋相忘」十二字。

◎「鳥書」也稱鳥蟲書，是篆書的變體，春秋戰國時就有這種字體，秦書八體中有「蟲書」，王莽六書中有「鳥蟲書」。春秋戰國時期的青銅兵器和鐘、鎛上常有這種文字。

19

見日之明銘鏡

【西漢】
直徑13.6公分　重268克

◎圓形。圓鈕，四葉紋鈕座。鈕座周圍用銘文組成正方形，每邊各二字。銘文外飾寬帶紋及弦紋各一周，其外飾草葉紋及四乳丁。十六內向連弧紋組成平緣。

◎銘文為「見日之明，長毋相忘」八字。

◎草葉紋，是西漢時期銅鏡上常見的一種紋飾，這類銅鏡比較常見。

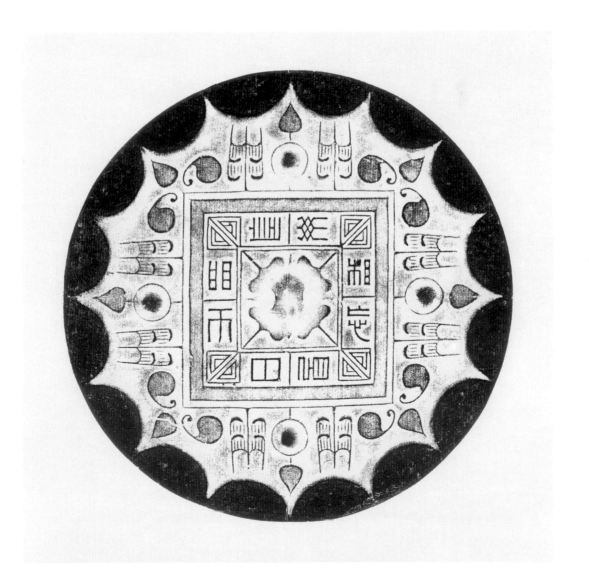

20

四乳四螭紋鏡

【西漢】
直徑13.7公分　重180克

◎圓形。圓鈕，方鈕座。鈕座飾四葉紋，外飾弦紋一周。鈕
座四周飾四乳丁紋，間飾四蟠螭紋。近緣處飾弦紋一周。
十六內向連弧組成平緣。

◎此鏡具有西漢早期的紋飾特徵，山東、陝西等地均有出
土。

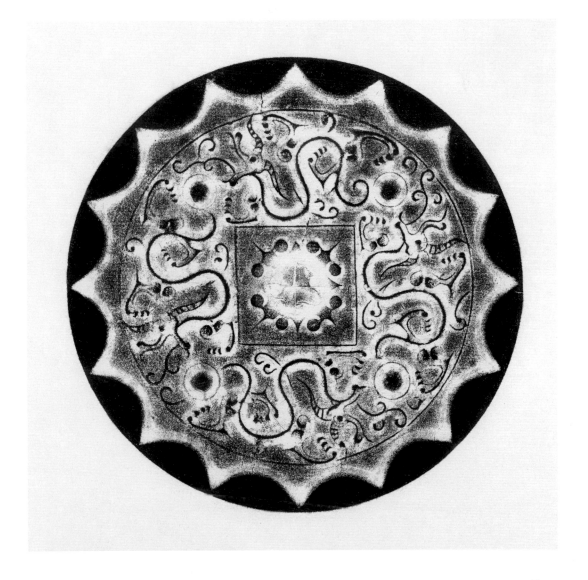

21

長生未央銘鏡
【西漢】
直徑15.3公分　重571克

◎圓形。圓鈕,四葉紋鈕座,鈕座旁飾四字,周圍飾櫛齒紋及凸寬帶紋各一周。以八內向連弧為內區。外區飾櫛齒紋二周,間飾銘文一周。寬素平緣。

◎鈕座銘文為「長生未央」四字。

◎外區銘文為「煉冶鉛華清而明,以之為鏡宜文章,長年益壽吉而羊,與天地樂而日月光」二十九字。

22
王氏昭銘鏡
【新莽】
直徑20.9公分　重1020克

◎圓形。圓鈕，四葉紋鈕座。鈕周圍飾十二地支，間飾十二乳丁紋，每邊各有三字，字周圍飾凹寬帶紋圍成的方框，其外飾博局紋、鳥獸紋及八乳丁紋。近緣處飾銘文及櫛齒紋各一周。緣上飾齒形紋及變形獸紋各一周。

◎鈕座銘文為「子丑寅卯辰巳午未申酉戌亥」十二字。

◎外圈銘文為「王氏昭竟四夷服，多賀新家人民息，胡虜殄滅天下復，風雨時節五穀孰，百姓寬喜得佳德，長保二親受大福，傳吉後世子孫力，千秋萬年樂毋極」五十六字。

◎銘文採用兩種不同的書體形式，鈕座上的銘文採用篆書，外圈銘文採用隸書。

23
尚方銘鏡
【東漢】
直徑18.8公分

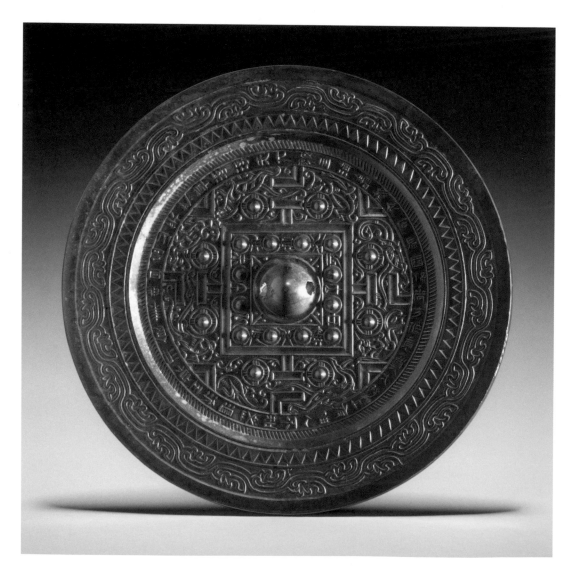

◎圓形。圓鈕，方鈕座。鈕周圍飾十二乳丁，間飾十二地支，每邊三字，字周圍飾凹寬帶紋圍成的方框，其外飾博局紋、獸紋和八乳丁紋。近緣處飾銘文、櫛齒紋各一周。緣上飾齒形紋及變形獸紋各一周。

◎鈕座銘文為「子丑寅卯辰巳午未申酉戌亥」十二字。

◎外圈銘文為「尚方作竟真大好，上有仙人不知老，渴飲玉泉飢食棗，徘徊名山採芝草，浮游天下遨四海，壽蔽金石為國保」四十二字。

◎尚方，官署名。秦朝設置，掌管鑄造皇室所用兵器、銅鏡及一些賞玩器物。這時期尚方作鏡大量流行。

24
昭明銘鏡
【東漢】
直徑11.2公分

◎圓形。圓鈕，四葉紋鈕座。鈕座外飾弦紋二周，外圍飾博局紋、草葉紋和銘文。近緣處飾齒形紋及弦紋各一周。寬素平緣。此鏡鎏金，金已部分脫落。

◎銘文為「視珠取無極，昭明鏡□防，淫去樂洙念，遠慮日有福」二十字。

25

漁獵博局紋鏡

【東漢】
直徑16.5公分　重739克

◎圓形。圓鈕，四葉紋鈕座。鈕座外飾櫛齒紋及寬帶紋組成的方框，方框四角各飾一圓餅形紋。外圍飾博局紋及漁獵紋。漁獵紋共分四組，一組為一人跪姿用弓射獸，獸已中箭。一組為一女踞坐，旁有兔搗藥，周圍有樹林、花草和鳥獸。一組為一人張網捕魚，周圍有鳥、兔。一組為一人張網捕鳥，周圍有龜、犬。近緣處飾櫛齒紋一周。寬素平緣。
◎該鏡圖案刻畫出當時人們漁獵生活的活潑場面。

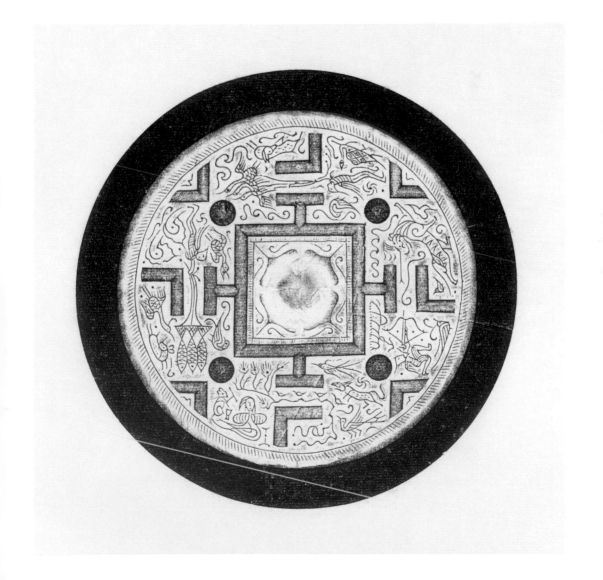

26
鎏金銀博局紋鏡
【東漢】
直徑11.2公分

◎圓形。圓鈕，圓鈕座。鈕座外飾凹寬帶紋組成的方框，方框四角各一圓餅形紋，周圍飾博局紋及鳥獸紋。近緣處飾齒形紋。寬平緣，上飾捲雲紋。紋飾為鎏金或鎏銀。

◎博局紋，即銅鏡上凵、V、T形狀的紋飾，在漢代這種紋飾較為流行。

27
長宜子孫銘鏡
【東漢】
直徑23.3公分　重1288克

◎圓形。圓鈕，四葉紋鈕座，葉紋間飾銘文。鈕座周圍飾櫛齒紋及凸寬帶紋各一周。以八內向連弧紋為內區，弧間飾四花朵紋。外區飾斜線紋，間飾八渦紋，內外各飾櫛齒紋二周。寬素平緣。

◎銘文為「長宜子孫」四字。

28
宜酒食銘鏡
【東漢】
直徑21公分

◎圓形。圓鈕，圓鈕座。鈕座周圍飾九乳丁紋，間飾銘文九
字，其外飾櫛齒紋二周，間飾變形獸紋帶一周。外圍飾七乳
丁紋，間飾青龍、白虎、朱雀、玄武等七組獸紋。近緣處飾
弦紋及櫛齒紋各一周。寬緣上飾齒形紋及獸紋帶各一周。
◎銘文為「□□□□甲事宜酒食」九字。

29
變形四葉紋鏡
【東漢】
直徑17.7公分　重594克

◎圓形。圓鈕，圓鈕座。鈕座外飾銘文四字，周圍飾變形四葉紋和鳳鳥紋，其外飾十二內向連弧紋。寬素平緣。

◎銘文為「長宜子孫」四字。

◎變形四葉紋鏡多見於陝西、河南、山東等地。

30
變形四葉八鳳紋鏡
【東漢】
直徑14.3公分

◎圓形。蟠螭鈕。鈕座外飾四葉紋及銘文四字，葉紋間飾對
鳳紋，其外飾十六連弧紋內飾浪花形紋，浪花紋內有兩兩相
對的雁紋和獸紋。窄平緣。
◎銘文為「□□子孫」四字。

31
變形四葉獸首紋鏡
【東漢】

直徑12.2公分　重225克

◎圓形。圓鈕，圓鈕座。鈕座外飾四葉紋及銘文四字，內區
飾浪花紋及變形獸首紋。外區飾銘文、連珠紋、浪花紋及
二十內向連弧紋。緣上飾雙層浪花紋。

◎鈕外銘文為「長宜子孫」四字。

◎外區銘文為「吾作明竟幽煉三岡配像世京況德臣敬奉臣良
周亥無祈百□作昌眾□主帥士至三公兮」三十六字。

32
鳥獸捕魚紋鏡
【東漢】
直徑14公分

◎圓形。圓鈕，圓鈕座。鈕周圍飾八乳丁紋，間飾四鳥紋和銘文四字。外圍飾五乳丁紋，將紋飾分為五組，分別為：一人持弓射獸；一獸紋；一揚帆漁船和飛鶴；二人彈琴歌舞；一龍紋。近緣處飾弦紋一周和櫛齒紋一周。寬緣上飾齒形紋及獸紋帶各一周。鏡體較厚。

◎銘文為「長宜子孫」四字。

33
陰氏銘鏡
【東漢】
直徑12.6公分　重282克

◎圓形。圓鈕，圓鈕座。鈕上下左右四個方向各飾人物紋，間飾四怪人首，其外飾半圓枚一周，間飾凸方枚，半圓枚上飾渦紋，方枚上各有一字。近緣處飾齒紋一周。緣上飾鳥獸紋及菱形紋各一周。

◎銘文為「陰氏作竟，青如日月，其師受」十一字。

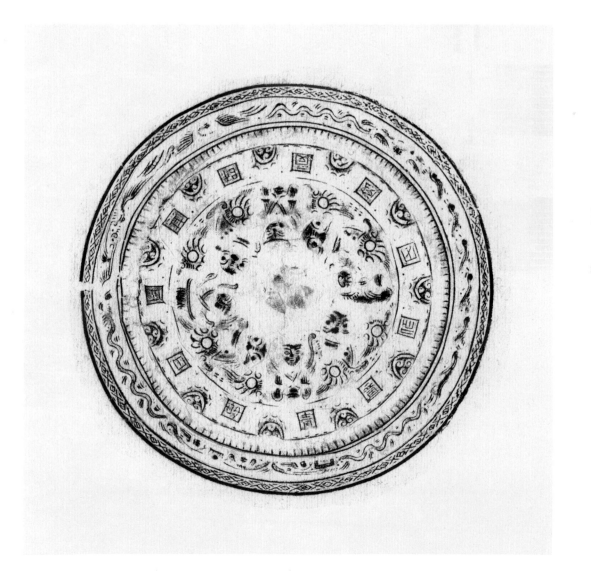

34

吾作明鏡銘鏡

【東漢】
直徑13.5公分　重430克

◎圓形。圓鈕。鈕上下左右四.方向各飾人物紋，間飾獸紋，其外飾半圓枚一周，間飾凸方枚，半圓枚上飾浪花紋，方枚上各有四字，組成詞句。近緣處有齒紋一周。緣上飾鳥獸紋和浪花紋帶。

◎銘文為「吾作明鏡，幽煉三商，調可兼銘，□□萬疆，日月舉興，眾神見容，天金四□，□侍□□，百□□□，福祿定從，曾年益壽，□師□長」四十八字。

35
重列神獸紋鏡
【東漢】
直徑17.1公分　重517克

◎圓形。圓鈕，圓鈕座。鈕上下二條平行線將主紋飾分為
上、中、下三區。上區飾一龜，左右各有四人。中區飾獅形
紋。下區飾四人物盤坐等。其外飾半圓枚一周，間飾凸方
枚，半圓枚上飾浪花紋，方枚上各飾銘文二字，組成詞句。
近緣處飾櫛齒紋一周。緣上飾幾何形圖案。
◎銘文為「吾作明鏡，幽煉川風，巧工所居，尾克童上，有
四守名，流美宜王」二十四字。

36
人物紋鏡
【東漢】
直徑22.1公分　重1560克

◎圓形。圓鈕，圓鈕座。鈕座周圍飾連珠紋。四乳丁將主紋飾分為四區。紋飾以人物為主，有跳舞、有盤膝而坐、有站立等。四乳丁外亦飾連珠紋。人物間飾三組旁題，分別為「東王公伯昌」、「周中伯昌」、「王□□」。近緣處飾弦紋及櫛齒紋各一周。緣上飾齒形紋及鳥獸紋各一周。

◎東漢時期，銅鏡上常有東王公西王母等內容。《集說詮真》說：「東王公為男仙之主，西王母為女仙之宗。此二元尊，乃陰陽之父母，天地之本源，化生萬靈，育養群品，長生飛化之士，升天之初，先覲西王母，後謁東王公，然後升三清朝太上也。」有的銅鏡上只書東王公，不書西王母。西王母在民間被譽為長生不死和掌握不老仙藥的神人。

37
車馬人物紋鏡
【東漢】
直徑20.9公分　重935克

◎圓形。圓鈕，圓鈕座。鈕座外飾連珠紋一周，四乳丁將主紋飾分為四區，有兩組人物、兩組車馬紋，其外飾弦紋及櫛齒紋各一周。緣上飾變體龍紋及雲紋。紋飾均採用浮雕的藝術手法。

◎東漢中期，畫像鏡廣泛流行，以神仙車馬畫像鏡和歷史故事畫像鏡最為常見。

38
龍虎紋鏡
【東漢】
直徑21.2公分　重988克

◎圓形。圓鈕，圓鈕座。鈕座周圍飾櫛齒紋一周。四乳丁將紋飾分為四區，每區各飾一龍（或虎）紋，以雲紋為地，其外飾弦紋、櫛齒紋各一周。緣上飾雲紋。

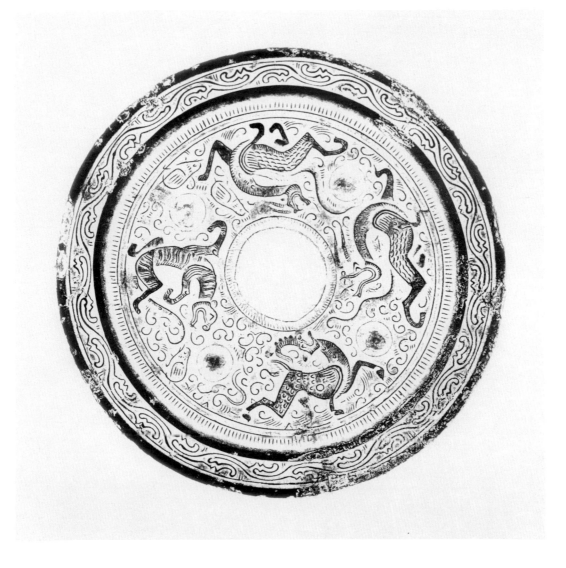

39

人物鳥獸紋鏡

【東漢】

直徑14.3公分　重621克

◎圓形。圓鈕，圓鈕座。鈕座外飾細小的花瓣。外圍四乳丁紋將主紋飾分為四區，第一區為：一人盤坐，背後一人跪，手持扇，右側二立人手持杖，前有一獸。第二區為：二人騎馬打獵，背後二人拱手相送。第三區為：一人盤坐，左右各一人。第四區為：一人端坐，一人彈琴，一人吹笛，二人跳舞。近緣處飾弦紋、櫛齒紋各一周。寬平緣。緣上飾齒形紋及獸紋帶各一周。紋飾均採用浮雕的藝術手法。

◎紋飾採用浮雕的表現手法，在東漢時期非常流行。

40

撫琴跳舞紋鏡

【東漢】
直徑23.1公分　重1740克

◎圓形。圓鈕，葵花形鈕座。鈕座外為雙線方格。其外飾四乳丁紋，將主紋飾分為四區，圖案紋飾依次為：一人端坐，左右各跪一人。二人鬥獸。二人歌舞。二人對弈。近緣處飾櫛齒紋一周。寬緣上飾齒形紋及變形獸紋各一周。

41
車馬人物紋鏡
【東漢】
直徑22公分　重1327克

◎圓形。圓鈕,圓鈕座。鈕周圍飾連珠紋一周,其外飾四乳丁紋,將主紋飾分為四區,相對的兩區分別飾車馬紋和人物紋。近緣處飾銘文和櫛齒紋各一周。四乳丁外亦飾有連珠紋。緣上飾齒形紋二周,間飾水波紋一周。

◎銘文為「尚方作竟四夷服,多國家人民息,胡虜未□天下復,風雨時節五穀享,長保二親得」三十二字。

42
李氏銘鏡
【東漢】
直徑14.3公分　重875克

◎圓形。圓鈕，圓鈕座。鈕座外一側飾一人植樹，對一蛙形獸，另一側飾龍虎紋，其外有銘文和櫛齒紋各一周。緣上飾齒形紋二周，間飾水波紋一周。

◎銘文為「李氏乍竟四夷服，多賀國家人民息，胡虜殄滅天下服，風雨時節五穀孰，長保二親得天力，傳告後世樂無極，宜孫子」四十五字。

◎東漢時期，私家鑄鏡盛行，銅鏡上常鑄有私人姓氏，如李氏鏡、杜氏鏡、呂氏鏡、袁氏鏡等。

43
章和元年銘鏡
【東漢】
直徑13.1公分　重301克

◎圓形。圓鈕。鈕周圍飾人物、天祿、辟邪等紋飾。近緣處飾齒形紋及銘文各一周。凸緣，緣上飾漩渦紋。

◎銘文為「吾作明竟宜□□，家有五馬前千頭羊。莫□□□日月□。□□□□□□□□□□。章和元年□月辛巳朔廿日戌子造」四十六字。

◎這裡的「章和元年」應為西元87年。

44
永和元年銘鏡
【東漢】
直徑9.7公分　重198克

◎圓形。圓鈕，四葉紋鈕座。鈕外飾寬帶紋框，其外飾博局紋，上下飾虎紋，左右飾龍紋。近緣處飾弦紋、銘文各一周。寬緣上飾齒形紋一周。

◎銘文為「永和元年正月廣武造，宜君王，長米用」十五字。

◎這裡的「永和」年號應為東漢順帝劉保之永和，「永和元年」為西元136年。

◎圓形。圓鈕。鈕周圍飾人物、天祿、辟邪等紋飾，其外飾凸稜一周，凸稜內側飾齒形紋一周。緣上飾銘文及花瓣紋各一周。

◎銘文模糊不清。

◎「熹平元年」為西元172年。

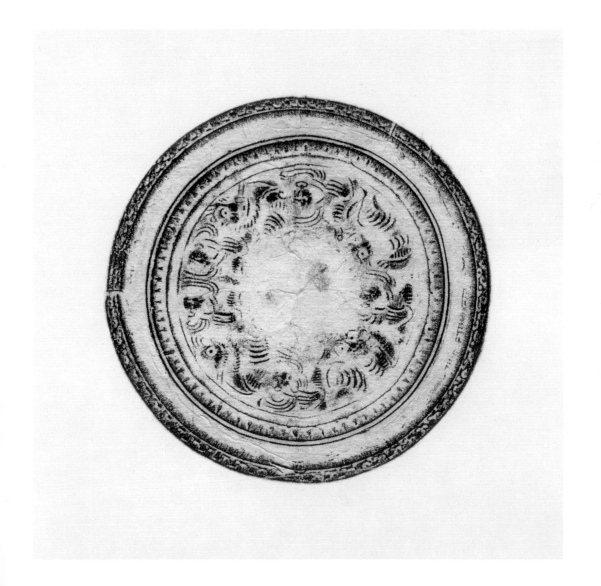

46
建安廿四年銘鏡
【東漢】
直徑13.3公分　重251克

◎圓形。圓鈕，圓鈕座。鈕座外飾連珠紋一周。外圍飾人物、天祿、辟邪等紋飾，其外飾凸稜一周，凸稜內側飾齒形紋一周。緣上飾銘文及變形獸紋各一周。

◎銘文模糊不清。

◎「建安廿四年」為西元219年。

隋唐

隋唐時期，銅鏡鑄造技術和工藝水準發展到了一個新的高度，銅鏡藝術在這一時期達到了鼎盛。

　　此時期紋飾形制出現了很大變化，紋飾寫實性增強，種類複雜，生動活潑，既繼承了傳統藝術風格，也吸收了外來的文化藝術。形制上突破了圓形、方形的傳統格式，出現大量葵花形、菱花形鏡，還有六角、八角、亞字形鏡等。鏡面逐漸增大，銅質細膩，鏡體厚重。鏡鈕形制多種多樣，有獸形、蛙形、花瓣形、圓形、橋形等。紋飾主要有葡萄紋、瑞獸紋、花鳥紋、寶相花紋、十二生肖紋、花草紋、龍紋、鳳紋、人物紋、狩獵紋、八卦紋，以及神仙故事等。常見的銅鏡有十二生肖紋鏡、四靈紋鏡、瑞獸葡萄紋鏡、雙雁銜花天馬紋鏡、鴛鴦獸紋鏡、寶相花鏡、竹林彈琴紋鏡、榮啓奇（期）銘鏡、龍紋鏡、人物故事鏡、月宮鏡、眞子飛霜鏡等。

47
十二生肖紋鏡
【隋】
直徑13.6公分　重299克

◎圓形。圓鈕，圓鈕座。鈕座外飾連珠紋及纏枝花紋各一周，間飾弦紋一周，其外飾十二生肖紋（鼠、牛、虎、兔、龍、蛇、馬、羊、猴、雞、狗、豬）。近緣處飾齒形紋一周。素窄平緣。

48
龍紋方鏡
【隋】
邊長6.8×6.6公分　重120克

◎方形。圓鈕。鈕周圍飾雙龍紋。寬緣上飾銘文一周，每邊五字。

◎銘文為「賞得秦王鏡，叛不惜千金，非關欲照膽。特是自明心」二十字。

49
四靈紋鏡
【隋】
直徑17.8公分　重885克

◎圓形。圓鈕，四葉紋鈕座。鈕座外飾寬帶紋方框，框外四角與 V 形紋相對，分隔為四區，分別飾青龍、白虎、朱雀、玄武四神。近緣處飾櫛齒紋一周。寬緣上飾獸紋一周。

◎青龍、白虎、朱雀、玄武稱為四神，古代用四神表示東、西、南、北四個方向，認為可以辟邪。朱雀也稱朱鳥，玄武是龜蛇合體，有時也單獨出現。

50

百福來扶銘鏡

【隋】
直徑18.6公分

◎圓形。圓鈕，獸形鈕座。鈕座外飾寬帶紋方框，框外四角與 V 形紋相對，分隔為四區，各飾一獸紋，周圍飾雲紋，其外飾凸稜一周，凸稜內側飾連珠紋、齒形紋各一周。近緣處飾銘文、連珠紋及齒形紋各一周。窄緣。

◎銘文為「靈山孕寶，神使觀爐，形圓曉月，光清夜珠，玉台希世，紅妝應圖，千嬌集影，百福來扶」三十二字。

51

仙山並照銘鏡

【唐】

直徑18.5公分　重661克

◎圓形。圓鈕，獸形鈕座。鈕座外飾雙線方框，框外四角與
V形紋相對，分隔為四區，各飾青龍、白虎、朱雀、玄武四
神，其外飾連珠紋及齒形紋各一周。近緣處飾銘文一周。緣
上飾雲紋。

◎銘文為「仙山並照，智水齊名，花朝艷彩，月夜流明，龍
盤五嵒，鸞舞雙情，傳聞仁壽，始驗銷兵」三十二字。

53

瑞獸葡萄紋鏡

【唐】
直徑19.8公分　重1218克

◎圓形。伏獸形鈕。以一圈凸稜為界,分為內外兩區。內區飾六形態各異的瑞獸,間飾葡萄紋和纏枝紋。外區飾葡萄紋、鳥紋和蝴蝶紋。緣上飾花朵紋一周,
◎瑞獸和葡萄紋均採用高浮雕手法。
◎瑞獸葡萄紋鏡,是唐代最典型的銅鏡之一。

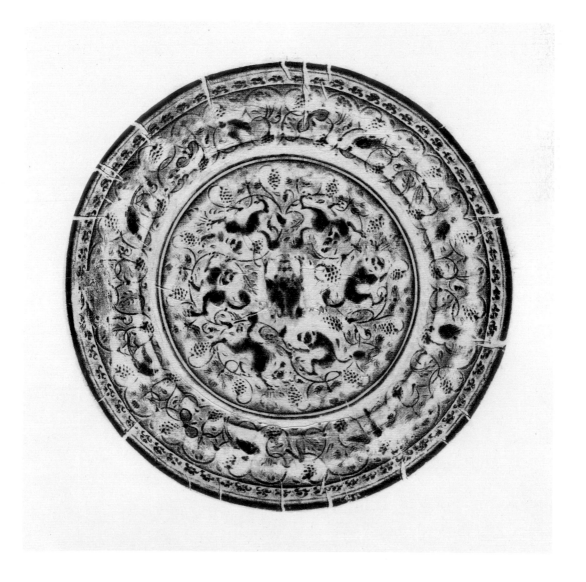

54
瑞獸葡萄紋方鏡
【唐】
邊長11.5公分

◎方形。伏獸形鈕。鈕周圍飾四瑞獸，間飾葡萄紋和纏枝紋。以一周凸稜組成方框，上飾連珠紋，其外飾葡萄紋、雀紋、蝴蝶紋、纏枝紋、花卉紋。窄緣。

55
犀牛花紋鏡
【唐】
直徑22.5公分　重1221克

◎八瓣葵花形。圓鈕。鈕左右兩側各飾一犀牛，兩牛相對。鈕上方飾一圍欄，欄中有樹，兩旁各有一叢花草。鈕下方飾水波紋及三叢花草。

56
寶相花鏡
【唐】
直徑16.6公分

◎菱花形。圓鈕。鈕周圍飾四朵寶相花及雲朵紋。近緣處飾蜜蜂、蝴蝶和花朵紋。凸緣。

◎寶相花，又稱寶仙花，是薔薇的一種，花朵很飽滿，唐代銅鏡上常有這種花紋。

57
瑞獸葡萄紋鏡
【唐】
直徑9.8公分

◎圓形。伏獸形鈕。鈕周圍飾瑞獸紋、葡萄紋，其外有一凸
稜。近緣處飾葡萄紋及雀紋。緣飾雲朵紋。

漢海獸蒲萄鑑

八鑑花相寶唐

徑三寸重
九兩有半
背作海獸
四外輪列
羣鳥形俱
環以結枝
蒲萄垂雲
邊獸臭無
銘

◎56至57兩面銅鏡嵌在同一個書形木匣中，匣正面書有「西清古鑒第四十三冊」，扉頁右側繪有兩面銅鏡的背面圖案，並有簡短文字說明。左側對應處有這兩銅鏡形狀的開口，可看到銅鏡正面，扉頁中間從上至下有「乾隆御覽之寶」、「五福五代堂古稀天子寶」、「八徵耄臺之寶」三方印。背後一頁有大臣張若澄畫的山水圖。

徑五寸
二分重
兩菱花
式背作
花朶花
以垂雲
花蝶間
素無邊
銘

58

仙女玉兔紋鏡
【唐】
直徑19.1公分

◎八瓣菱花形。伏獸形鈕。鈕右上方飾一株桂樹，左上方飾騰飛的仙女，仙女身繫飄帶，一手托盤，一手持牌，上有「大古」二字。鈕卜方有一池水，池左邊為玉兔、杵臼及一朵雲，池右邊為蟾蜍和一朵雲，池上方有一「水」字。近緣處飾蝴蝶、花朵及雲紋相間。凸緣。

59
打馬球鏡
【唐】
直徑19.3公分　重1160克

◎八瓣菱花形。圓鈕。鈕周圍為一打馬球場面,共有四人騎馬擊球,分別為:一人持杆,置於肩上準備擊球;一人持杆,高舉頭頂,準備擊球;一人持杆,一端置於地上;一人持杆回身,杆已觸球。四人間飾四花卉紋及四小山。近緣處飾花葉紋、蜜蜂紋、蝴蝶紋。窄緣。

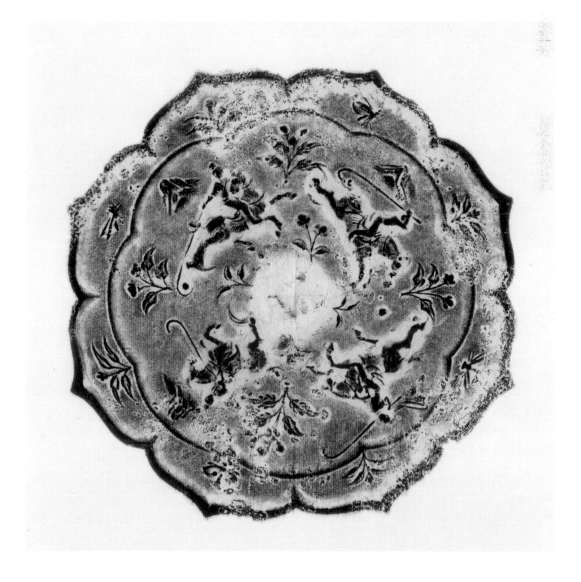

60
狩獵紋鏡
【唐】
直徑11.8公分　重446克

◎八瓣菱花形。圓鈕。鈕周圍上下左右紋飾對稱，分別為兩人騎馬和兩山。其中一人騎馬持弓，欲射奔鹿；另一人騎馬揮繩，欲套兔。兩馬前方各飾一雲朵紋。近緣處飾花朵紋。窄緣。

62

雙雁銜花天馬紋鏡

【唐】

直徑23.9公分　重2017克

◎葵花形。圓鈕。鈕左右兩側各飾一馬，馬昂首作嘶鳴狀，背部有雙翅，應為「天馬」。兩馬相對，馬兩蹄踏在蓮花上，兩蹄騰空，尾上揚，上方有雙雁銜花，其外飾弦紋一周。近緣處飾蓮花紋，間飾雲紋。窄緣。

◎六瓣葵花形。圓鈕，圓鈕座。鈕座外飾花芯紋及八葉紋，外圍飾三朵盛開的蓮花和三朵組合式團花。團花由盛開的蓮花及花葉組成。窄緣。

◎團花由花朵和葉組成，作圓形呈放射狀，有的成旋轉式，屬裝飾性紋飾。

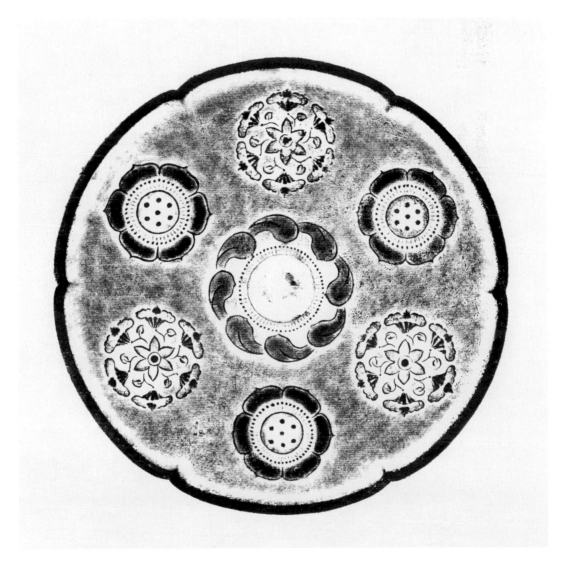

68
寶相花紋鏡
【唐】
直徑18.9公分　重676克

◎八瓣葵花形。圓鈕。鈕外飾連珠紋，葵花形鈕座。周圍飾四朵寶相花紋，間飾四朵花芯花朵，草葉紋作地紋。窄緣。

69

蛺蝶穿花紋鏡

【唐】

直徑18.9公分　重906克

◎八瓣葵花形。圓鈕，葵花形鈕座。外圍飾四枝花，上有花朵及葉，間飾四蛺蝶，好似蛺蝶在花中穿梭。窄緣。

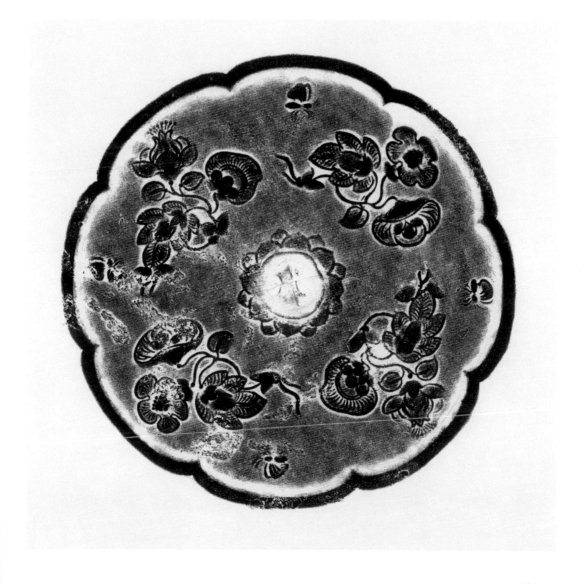

70

竹林彈琴紋鏡

【唐】
直徑21.5公分　重1473克

◎八瓣葵花形。龜形鈕。鈕下方池水中伸出一荷葉為鈕座，池旁有四山石。鈕左側飾一人坐於竹林中，腿上置一琴作撫琴狀，前方有一案。鈕右側飾一鳳，鳳展翅，長尾上捲，立於石上，鳳上方還有兩樹。鈕上方飾雲紋和日出紋。近緣處有銘文一周。窄緣。

◎銘文為「鳳凰雙鏡南金裝，陰陽各為配，月日恆相會，白玉芙蓉匣，翠羽瓊瑤帶，同心人，心相親，照心照膽保千春」四十字。

71

侯瑾之銘方鏡

【唐】

邊長14.6公分

◎方形。龜形鈕。鈕下方池水中伸出一荷葉為鈕座，池旁有四山石。鈕上方飾山峰及雲間日出圖，山下方有一矩形框，框中有銘文「侯瑾之」三字。鈕右側飾神鳥，鳥展翅，長尾上捲，單腿立於石上，上方有二樹。鈕左側飾竹林，林中一隱士盤坐，琴置於膝上，前方有一案几。窄緣。

72
榮啓奇（期）銘鏡
【唐】
直徑12.1公分　重355克

◎圓形。圓鈕。鈕左右各飾一人物，左側人右手持龍首杖，左手上抬，手指前方；右側人左手持琴，側身回首。鈕下方飾一樹，鈕上方有一長方形橫框，內有縱向三格，每格內各有銘文三字。凸緣。

◎銘文為「榮啓奇問曰答孔夫子」九字。

◎這個圖案和銘文取材於《列夫・天瑞》。當時孔子遊泰山時遇見榮啓奇，於是有了一段對話。《列夫・天瑞》：「孔子遊於泰山……孔子問曰：『先生所以樂何也？』對曰：『我樂甚多，天生萬物，唯人為貴，而吾得為人，是一樂也。男女之別，男尊女卑，故以男為貴，吾既得為男矣，是二樂也。人生有不見日月，不免襁褓者，吾既已行年九十矣，是三樂也』」。此鏡也稱「三樂鏡」。左側持龍首杖者應為孔子，右側持琴者應為榮啓期（奇）。

◎圓形。圓鈕。鈕旁飾一鳳紋。鳳紋佔據鏡體大部,鳳回首,口銜花結綏帶,展翅,長尾上捲,形態舒展,其外飾弦紋二周,間飾雲紋六朵。窄平緣。

◎八瓣葵花形。圓鈕。鈕周圍飾一單體三爪龍。龍曲身回首，右側兩爪上舉，龍尾上捲，纏繞上舉的後爪，龍身飾鱗紋。龍周圍飾雲紋四朵。凸緣。

◎關於龍的記載和傳說很多，也很神祕。龍紋很早就已出現，但龍紋出現在銅鏡上，是從戰國時期開始的。這時期的龍紋還比較簡單，龍紋常做捲曲盤繞狀，與帶鱗的龍紋有很大的區別。

◎圓形。圓鈕。鏡上無細紋飾，僅用凹槽勾勒出葉子的形狀，鈕周圍飾五葉紋，呈五角星狀，五角間飾五心形葉紋。

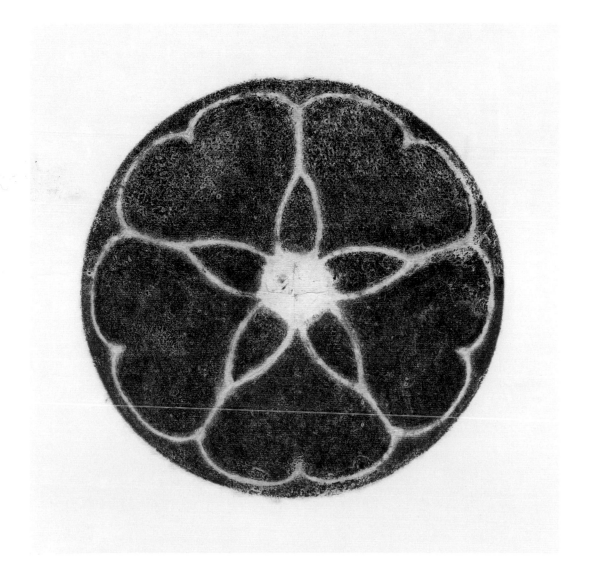

76

五嶽紋方鏡

【唐】
邊長22.8×12.5公分　重614克

廣 告 回 郵	
北區郵政管理局登記證	
北 台 字 第 7166 號	
免 貼 郵 票	

藝術家雜誌社　收

100　台北市重慶南路一段147號6樓

6F, No.147, Sec.1, Chung-Ching S. Rd., Taipei, Taiwan, R.O.C.

Artist

姓　　名：　　　　　　　　　性別：男□ 女□ 年齡：

現在地址：

永久地址：

電　　話：日／　　　　　　　手機／

E-Mail：

在　　學：□ 學歷：　　　　　　職業：

您是藝術家雜誌：□今訂戶　□曾經訂戶　□零購者　□非讀者

客戶服務專線：**(02)23886715**　E-Mail：**art.books@msa.hinet.net**

藝術家書友卡

感謝您購買本書,這一小張回函卡將建立您與本社間的橋樑。我們將參考您的意見,出版更多好書,及提供您最新書訊和優惠價格的依據,謝謝您填寫此卡並寄回。

1.您買的書名是:＿＿＿＿＿＿＿＿＿＿＿＿＿＿＿＿＿＿＿＿＿

2.您從何處得知本書:

☐藝術家雜誌　　☐報章媒體　　☐廣告書訊　　☐逛書店　　☐親友介紹

☐網站介紹　　　☐讀書會　　　☐其他

3.購買理由:

☐作者知名度　☐書名吸引　☐實用需要　☐親朋推薦　☐封面吸引

☐其他＿＿＿＿＿＿＿＿＿＿＿＿＿＿＿＿＿＿＿＿＿＿

4.購買地點:＿＿＿＿＿＿＿＿＿市(縣)＿＿＿＿＿＿＿＿書店

☐劃撥　　　　☐書展　　　　☐網站線上

5.對本書意見:(請填代號1.滿意 2.尚可 3.再改進,請提供建議)

☐內容　　　☐封面　　　☐編排　　　☐價格　　　☐紙張

☐其他建議＿＿＿＿＿＿＿＿＿＿＿＿＿＿＿＿＿＿＿

6.您希望本社未來出版?(可複選)

☐世界名畫家　☐中國名畫家　☐著名畫派畫論　☐藝術欣賞

☐美術行政　　☐建築藝術　　☐公共藝術　　　☐美術設計

☐繪畫技法　　☐宗教美術　　☐陶瓷藝術　　　☐文物收藏

☐兒童美育　　☐民間藝術　　☐文化資產　　　☐藝術評論

☐文化旅遊

您推薦＿＿＿＿＿＿＿＿＿＿作者 或＿＿＿＿＿＿＿＿＿類書籍

7.您對本社叢書　☐經常買　☐初次買　☐偶而買

◎方形。由山峰組成鈕和鈕座。鈕為峰頂，鈕周圍飾四山峰，組成五嶽。山頂飾松樹，花草，山下有河水，兩山之間飾長尾鳥、飛鶴和雲朵。

◎鏡上生滿紅鏽。

◎「五嶽」即東岳泰山、西嶽華山、南嶽衡山、北嶽恆山，中嶽嵩山。

雙鳳八卦紋鏡

【唐】

直徑22.3公分　重1422克

◎八瓣葵花形。圓鈕。鈕左右各飾一鳳紋，二鳳相對而立，展翅，長尾上捲。鈕上方飾三重弦紋構成的圓圈，圈內正中飾一「鎮」字，上下左右飾日月星辰紋，其外飾八卦紋。鈕下方飾凸稜構成的正方形，中心飾四 T 形紋組成的方形紋飾，周圍飾水波紋。近緣處飾銘文及弦紋各一周。凸緣。

◎銘文為「上圓下方，象於天地，中列八卦，備著陰陽，辰星鎮定，日月貞明，周流為水，以名四瀆，內置連山，以旌五嶽」四十字。

◎圓形。方鈕。二圈弦紋將紋飾分為三區，內區飾八卦紋和銘文各一周，中區飾八相同形符，間飾銘文，外區飾八不同形符，間飾星象紋。凸緣。

◎內區銘文為「四陰，陽元，二陽，三陽，四陽，花陰，二陰，二陽」十六字。

◎中區銘文為「元長父舍，玄淩交度府，太玄禁府，太清宮，太華台，紫薇宮，皇帝大居堂，太素右堂」三十一字。

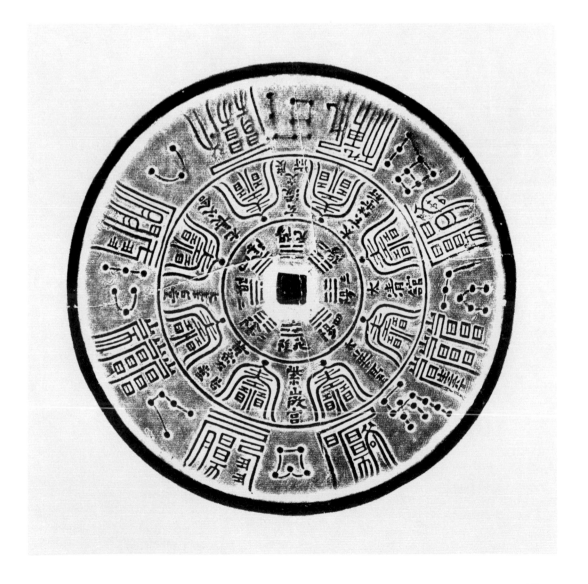

79

十二地支銘鏡

【唐】
直徑14.5公分　重644克

◎圓形。圓鈕。鈕周圍飾八卦紋，其外飾雙線構成的方形
框，雙線間有十二個格，格內各有一銘文，方框四邊外飾
金、木、水、火，與鈕合為五行。凸緣。
◎銘文為「子丑寅卯辰巳午未申酉戌亥」十二字。

80
五嶽八卦紋鏡
【唐】
直徑16.5公分　重939克

◎圓形。方鈕。鈕上飾山形紋，鈕四旁各飾一山形紋組成的方形紋飾，與鈕一起象徵五嶽，五嶽周圍飾四個方形印章紋，每個印章紋內各有銘文四字，銘文周圍飾水波紋和八卦紋各一周。其外飾日、月、星、辰圖案，圖案兩旁各飾一雲朵，日中有一金烏，月中有一桂樹。凸緣。

◎由四個印章文中相對應的位置各取一字，組成四句銘文。

◎銘文為「天地含為，日月貞明，寫規萬物，洞鑒百靈」十六字。

◎八卦紋是《周易》中的八種基本圖形，名為乾、坤、震、坎、艮、巽、離、兌。象徵天、地、雷、風、水、火、山、澤八種自然現象。唐宋銅鏡上常見到八卦紋。

宋遼金元

此時期銅鏡在人們生活中使用更加普及。不僅官府造鏡，私家作坊造鏡也非常流行。鏡背上常能見到有鑄鏡者的字號、工匠姓氏、作坊所在地等，如「湖州眞石家無比煉銅（照）子」、「饒州葉家久煉青銅照子」等。此類銅鏡注重實用，鏡上一般都沒有紋飾。傳統的銅鏡風格在這一時期發生了重大變化，帶柄鏡首次出現並開始流行。還出現一些仿古鏡，如仿漢、仿唐鏡等。有的鏡子上帶有活動的支架，有的還附有鏡座。紋飾多來源於自然界題材，以纏枝花、牡丹、菊花、桃花、鳥獸、雙魚、雙鳳、山水樓台、神仙人物故事等紋飾最爲常見。鏡形有亞字形、鐘形、鼎形、瓶形、桃形、方形、長方形等。其中宋鏡體輕胎薄，鏡鈕小，無鈕鏡增多。

遼金元時期銅鏡受宋代銅鏡影響很深，形制和紋飾除繼承宋代銅鏡的藝術風格和特點外，還出現一些新的特點，如遼代鏡上出現契丹銘文、金代鏡上常有「大定通寶」線紋，緣上鏨刻官府驗記文字和押記等。元代鏡上還出現了與雜劇有關的人物故事內容，與佛教有關的蓮花、八寶紋，以及八思巴文等。遼金元鏡中除了仿漢、仿唐鏡外，常見的有紀年、花卉紋、雙魚紋、歷史人物故事、童子戲花鏡等。這時期銅鏡整體製作水準不高，紋飾粗獷。

81

鏡子局款鏡

【宋】

直徑12.3公分　重179克

◎圓形。圓鈕。鈕周圍飾十一光芒紋，光芒紋外飾連珠紋二周，將紋飾分為兩區，內區飾四魚紋，間飾四花朵、四蝴蝶，外區飾雲朵紋一周。鈕上方飾章形印，上有「鏡子局官□」五字。素平緣。

◎圓形。圓鈕，圓鈕座。鈕座外飾連珠紋及五花朵，其外飾花草和連珠紋。近緣處有刻銘「弄瓦」二字。緣上有刻款「龕谷寨驗志官」六字。凸緣。

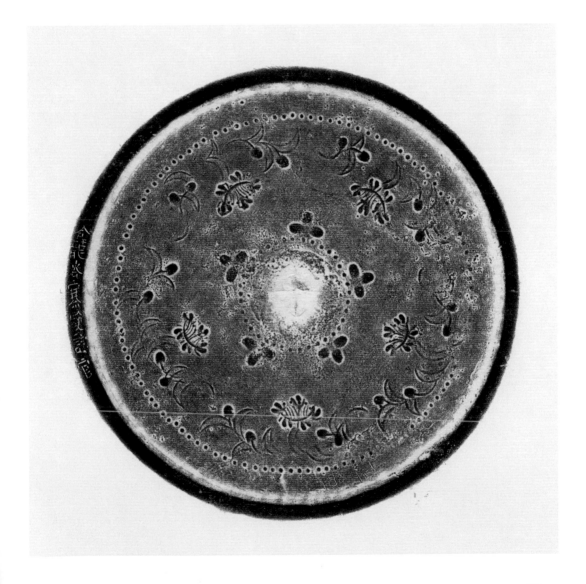

83
蓮花飛蝶紋鏡
【宋】
直徑15.1公分　重190克

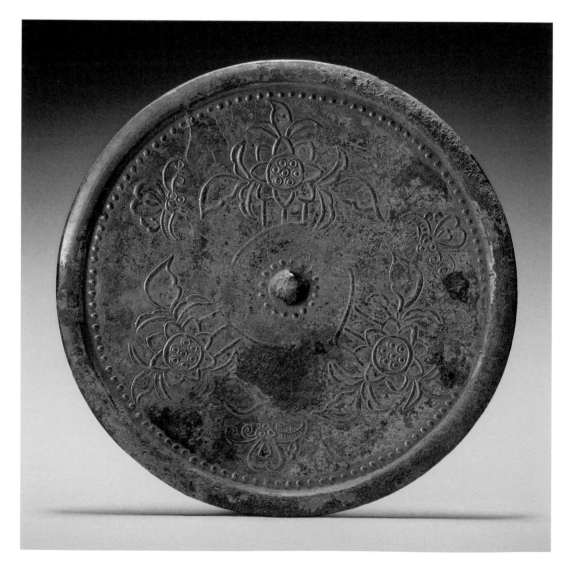

◎圓形。圓鈕。鈕周圍飾連珠紋一周，其外飾三朵蓮花，間飾三隻蝴蝶。近緣處飾連珠紋一周。凸緣。

84

錦地斜方花紋鏡

【宋】

直徑13.1公分　重136克

◎圓形。圓鈕,花瓣形鈕座。鈕外飾弦紋二周和花瓣紋一周,其外飾大小兩雙線方格,小雙線方格四角接大雙線方格四邊,小雙線方格四角各飾一花朵,大雙線方格四角各飾一寶相花朵,周圍飾織錦紋。凸緣。

85

泉紋方鏡

【宋】

邊長9.8公分　重114克

◎方形。圓鈕。鈕周圍飾以雙線交織組成的連環泉紋，凸緣。

86

海水行舟紋鏡

【宋】

直徑17.4公分　重739克

◎八瓣菱花形。圓鈕。鈕周圍飾海水及浪花，海水中有帆船、龍、海星紋。鈕上方有銘文。凸緣。
◎銘文為「煌丕昌天」四字。

◎圓形。小鈕。鈕周圍飾道教篆體符號，其外飾天體星象紋。鈕下方飾玄武紋（龜蛇），龜蛇兩首相對。凸緣。

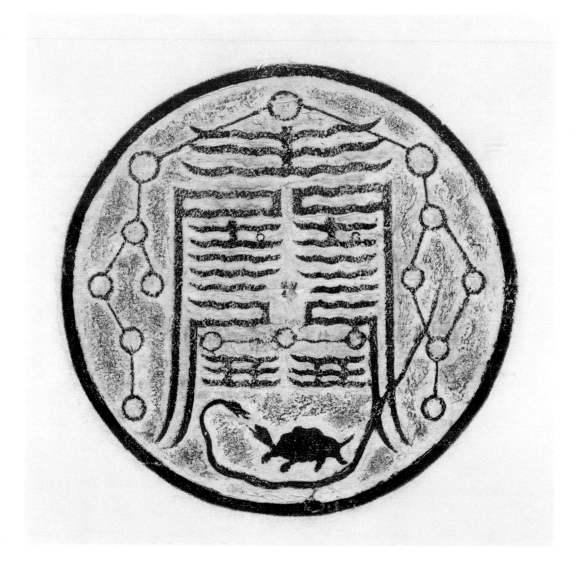

◎八角形。小鈕。紋飾共分四區，內區鈕左側飾廣寒宮和桂樹，鈕右側飾玉兔搗藥，其外三區依次飾對聯銘文、星象紋和八卦紋各一周。窄緣。

◎銘文為「七星朗耀通三界，一道靈光照萬年」十四字，橫批銘文為「長春鏡」三字。

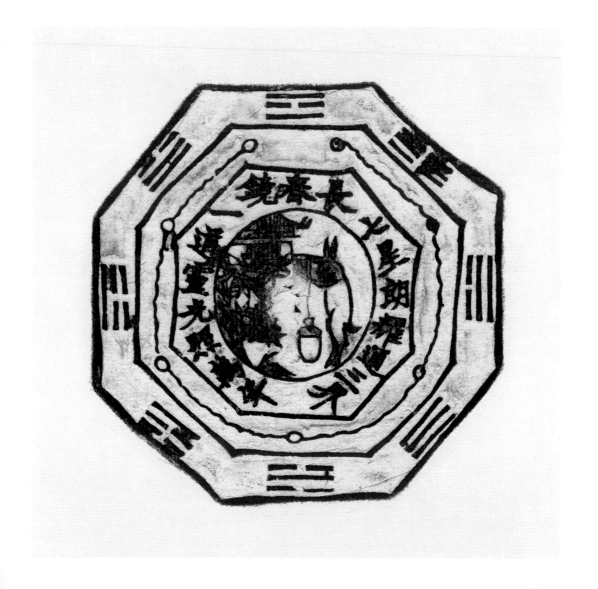

89

龜鶴佛像紋鏡

【宋】

直徑14.6公分　重558克

◎圓形。小鈕。鈕左側飾雲紋，上有一侍者手中持物，鈕右側飾一立佛，有背光，佛背後飾一松樹，延伸至頭頂。鈕下方飾一鶴一龜，周圍飾小草。寬素緣，內側有台。

90

龜鶴仙人紋鏡

【宋】

直徑23.5公分　重929克

◎八瓣葵花形。元寶形鈕。鈕右側飾仙人端坐，有背光，束髮，長鬚，長衫。鈕左側飾彎竹，竹下有一童，手持托盤，內有仙桃。鈕上方飾飛鶴，鈕下方飾一龜及花草。凸緣。

91
捉鬼圖紋方鏡
【宋】
邊長9.5公分　重85克

◎方形。小鈕。鈕右側飾──神人，左手握劍，右手持鈴上舉，作搏鬥狀。鈕左側飾人形怪物，高舉雙手作逃跑狀。鈕下方飾水波紋。寬素緣。

92

湖州銘鏡

【宋】

直徑17.2公分　重587克

◎六瓣葵花形。圓鈕。鈕左側飾長方形印記，內有二縱行銘文，鈕右側飾長方形印記，內有一縱行銘文。凸緣。

◎左側銘文為「湖州符十真煉銅照子記」十字。

◎右側銘文為「每兩一百文」五字。

93
饒州銘鏡
【宋】
高10.2公分　重152克

◎桃形。圓鈕。鈕右側飾長方形印記，內有二縱行銘文。凸緣。

◎ 文為「饒州葉家久煉青銅照子」十字。

94
匪鑒斯鐘式鏡
【宋】
高13.5公分　重334克

◎鐘形。鐘頂上有一方環鈕，底口處有一凸起圓枚，兩側各有銘文一行。凸緣。

◎銘文為「匪鑒斯鏡，以妝爾容」八字。

95
元祐二年款鏡
【宋】
直徑17.6公分

◎圓形。圓鈕。鈕周圍飾單體龍紋，海水紋作地紋，其外飾凸弦紋二周，間飾銘文一周。近緣處飾四獸紋間飾四花朵。寬素緣。

◎「元祐二年」為西元1087年。

96
嘉熙元年款鏡
【宋】
直徑17.6公分

◎六瓣菱花形。圓鈕。鈕周圍飾雙龍紋及雲紋，其外飾銘文一周。凸稜。

◎銘文為「嘉熙元年，正月，張子衡」九字。

◎「嘉熙元年」為西元1237年。

97
臥女長方足鏡架
【宋】
通高18.3公分　寬24.4公分

◎長方形。座上有一女側臥，臉向上，右手托頭，背後有一月牙形支架，架上飾靈芝狀雲紋，似臥女托於左手中，支架正背均飾雲紋。

◎支架上放置銅鏡，鏡面朝外，便可照面。

98

鎏金犀牛望月鏡架

【宋】

通高10.7　寬17.1公分

◎鎏金，臥牛狀。牛回首，獨角，體中空，背上有一月牙形支架，支架上飾雲紋。架上置鏡後，牛似望月狀。

99
天慶三年款鏡
【遼】
直徑12.6公分　重302克

◎圓形。圓鈕，圓鈕座。鈕外有銘文一周。凸緣。

◎銘文為「天慶三年十二月日記石」十字。

◎「天慶三年」為西元1113年。

100
大定通寶仙人紋鏡
【金】
直徑16.9公分　重659克

◎圓形。圓鈕。鈕周圍飾海水紋。鈕左側飾一立人，身後有一樹，鈕右側飾山石。鈕上方飾一魚躍出水面，鈕下方飾錢紋「大定通寶」。寬緣，緣內出台。

◎「大定通寶」是金世宗完顏雍大定十八年至二十九年（1178～1189）鑄造的錢幣。

101
家常貴富銘鏡
【金】
直徑15.5公分　重448克

◎圓形。圓鈕。鈕周圍飾十二瓣花紋，其外飾弦紋及十六內向連弧紋各一周。主紋飾為四朵八瓣花紋，間飾四銘文。鈕上方「富」字旁飾一「大定通寶」錢紋。近緣處飾凸弦紋一周。緣飾十六內向弧紋。

◎銘文為「家常貴富」四字。

102

承安三年款鏡

【金】

直徑12.3公分　重297克

◎圓形。圓鈕。鈕上方飾月及雲紋，鈕下方飾回首臥牛，周圍飾水波紋。近緣處飾弦紋和銘文各一周。寬素緣，緣內側出台。

◎銘文為「承安三年上元日陝西東運司官局造監造錄事任（押）提控所轉運使高（押）」二十九字。

◎「承安三年」為西元1198年。

103
承安四年款鏡
【金】
直徑8.9公分　重94克

◎圓形。圓鈕。鈕周圍飾四獸紋，其外飾弦紋二周，間飾銘文一周。凸緣。

◎銘文為「承安四年上元日陝西東運司官造監造錄事任（押）提控運使高（押）」二十六字。

◎「承安四年」為西元1199年。

104

昌平縣款鏡

【金】
直徑17.2公分　重695克

◎八瓣菱花形。圓鈕。鈕右側飾一門樓，鈕上方飾松樹，樹下有山石，鈕下方飾一橋，橋上有多人行走，橋下有水。石旁右側有刻款。凸緣。

◎銘文為「昌平縣驗記官（押）」七字。

105
共城款鏡
【金】
直徑13.6公分　重201克

◎八瓣菱花形。圓鈕。鈕周圍飾十二葉紋、水波紋和蘆葦，鈕上方有一隻鳳鳥展翅飛翔，其外飾弦紋及葉瓣紋各一周。素緣，緣上有刻款「共城官」三字。

◎共城，在今北京密雲區東北。

106
仙人紋長柄鏡
【金】
通長23.9公分　重675克

◎圓形。有柄，無鈕。鏡正中一仙人端坐，有背光，旁有一童持幢侍立，周圍飾飛鶴、龜、松樹、山石，松枝間飾一太陽，其外飾弦紋二周。近緣處飾雲紋及弦紋各一周。凸緣。柄上光素無紋。

107
至順辛未銘鏡
【元】
直徑19.9公分　重716克

◎圓形。鈕殘缺。鈕上方飾一樹，鈕左下方及右側共飾三人、一鹿，一人坐，二人立。鹿在橋上行走，橋下有流水。鈕左側一門打開，一鶴欲出。樹下、鹿前和門旁均有銘文。素緣。

◎銘文分別為「至順辛未誌」、「洪都章鎮何德正造」、「寓君長沙」共十七字。

◎洪都，今江西南昌。

◎「至順辛未」為西元1331年。

108
至正元年銘長柄鏡
【元】
直徑26,7公分　重712克

◎圓形。有柄，圓鈕。鈕右側飾龍紋，左側飾鳳紋，周圍飾雲紋及海水紋。近緣處飾凸稜一周。素柄，柄上刻有銘文。捲緣。

◎銘文為「至正元年正月十日造」九字。

◎「至正元年」為西元1341年。

109
牡丹鳳凰紋鏡
【元】
直徑27.7公分　重2489克

◎圓形。圓鈕，花瓣紋鈕座。鈕座外飾獸紋及凸稜各一周，其外飾四鳳凰，鳳凰長尾，展翅飛翔，周圍飾牡丹紋。近緣處飾十四瓣菱花紋及雲朵紋。寬素緣。

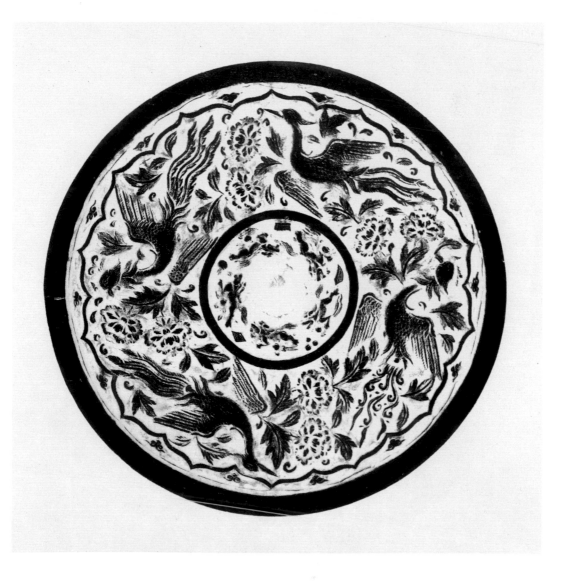

110
雙龍紋鏡
【元】
直徑27.7公分　重2875克

◎圓形。圓鈕。鈕左右飾二龍紋，龍曲身，張嘴，身上飾鱗紋。近緣處飾雲紋一周。素緣。

111

蟠龍紋鏡

【元】

直徑16.8公分　重1450克

◎圓形。圓鈕。鈕周圍飾一單體蟠龍紋，龍尾與爪纏繞，龍身飾鱗紋，周圍飾海水紋。寬素緣。

112
人物紋長柄鏡
【元】
通長22.5公分

◎扇形。長柄，無鈕。鏡中心飾仙人，上飾雲紋及日紋，下飾海水紋，旁有侍者，手持旌旗站立於雲海中。凸緣。素柄。

◎這幅圖案被認為是洛神圖。洛神是洛水的女神洛嬪，曹植曾作有《洛神賦》。

113
人物紋鏡
【元】
直徑11.6公分　重285克

◎圓形。銀錠形鈕。鈕左右各飾一人，身著長衫，抄手而立。鈕周圍飾八乳丁，鈕上方飾由七乳丁組成的紋飾，以網格紋為地紋。寬素緣。

114
鼎式鏡
【元】
通高21.2公分 寬16.3公分

◎鼎形。兩足，圓腹，口沿上有雙立耳，頸腹部間有兩獸耳，腹部有一環鈕，鈕上有一獸形支架。頸部飾雷紋二道，間飾弦紋。腹部兩弦紋間以雷紋為地，上有兩花朵紋，腹下方飾蕉葉紋，足上端飾雷紋和三道弦紋。凸緣。

115
梵文方柄鏡
【元】
通長13.1公分

◎圓形。方柄。正中有一「佛」字，周圍飾銘文一周，其外有凸稜構成的方框，框外飾梵文一周。柄上有字，模糊不清。

明
清

明清時期銅鏡大體分爲兩大類，一是仿古鏡，主要是仿漢、仿唐鏡。二是具有明清時期特色的銅鏡，其中有宮廷內府所造，也有民間鑄造。以圓形、帶柄鏡最爲常見，在紋飾、裝飾手法和銘文等方面都有很多創新，形成明清時期獨特的風格。

明代常仿漢鏡，形制、紋飾都接近漢代風格。有一些鏡上鑄有本朝代年款，如隆慶元年鏡、隆慶王雲川鏡、薛恩溪造銘鏡等。銅鏡仿造得比較逼眞，但也有一些銅鏡製作粗糙，形制不規範，紋飾模糊。另外，明代還鑄有一大批獨具特色的銅鏡，如洪武年款鏡、萬曆甲寅銘鏡、鎏金龍鳳紋鏡、雙蝠菱形漆鏡、五嶽眞形鏡、八寶紋鏡、五子登科鏡、九世同居鏡、任小軒造鏡、長方形素鏡等。從這些形制各異、內容豐富的銅鏡中，可以瞭解明代銅鏡的製作水準。明代除了圓形、方形、長方形鏡外，葵花形、菱花形、爐形、鐘形、瓶形、雙菱形等特殊造型的銅鏡也很多。此時期紋飾主要有龍紋、鳳紋、魚紋、蝙蝠、人物、八寶紋等。銘文除了年款和鑄鏡者姓氏外，一般都是福壽、科舉、多子等吉祥內容。

填漆鏡爲宮廷內府所造，銅質非常精細，鏡緣凸起，紋飾周圍填黑漆，漆面發烏，較爲粗糙。這類鏡屬明代首創。

清代隨著玻璃鏡的普及，銅鏡在人們生活中的作用逐漸消失，實用性減弱，觀賞性增強。但在形制、紋飾、鑄造工藝等方面有很多創新。

清代銅鏡以乾隆時期宮廷造辦處鑄造的銅鏡質量最好。這些銅鏡中既有仿古鏡，也有宮廷特色濃郁的銅鏡。仿古鏡主要有乾隆款長宜子孫銘鏡、乾隆款博局紋鏡，乾隆款舞鳳狻猊紋鏡，乾隆款瑞獸葡萄紋鏡等。此時的仿古鏡，作品中已融入了清代的風格和特點。具有宮廷特色的銅鏡有嵌琺瑯纏枝紋鏡、乾隆款八卦紋鏡、彩漆雙喜龍鳳紋鏡、鎏金雙獸鈕鏡、人物紋木柄鏡等。

帶柄黑漆描金鏡的工藝十分精湛，鏡上圖案豐富多樣，有人物紋、動物紋、植物紋、山水景色等。鏡正面非常光亮，照容十分清晰；背面塗有一層光亮的黑漆，漆上用金描繪松樹、人物、山水、花草等。漆薄而均勻，繪畫水準很高。

民間私人造鏡的水準，從總體上看，比宮廷造辦處要差，銅質粗糙，紋飾簡陋。此時以湖州薛晉侯（惠公）鑄鏡最著名，如薛晉侯款鏡，鏡體較大，圓鈕，鈕上飾「湖州薛晉侯自造」七字，周圍飾有四十六人，人物形態各異。

116
洪武廿二年款鏡
【明】
直徑10.7公分　重273克

◎圓形。圓鈕。鈕右側飾一蟠龍，周圍飾雲紋。鈕左側有一矩形框，內有銘文。寬素緣。

◎銘文為「洪武二十二年正月日造」十字。

◎「洪武二十二年」為西元1389年。

117

洪武雲龍紋鏡
【明】
通高13.4公分　寬10.7公分

◎圓形，無鈕。下有雙腿，作支架，鏡中心飾單體浮雕龍紋，周圍飾海水及雲紋，龍紋左側有一長條形款，上為「洪武二十二年正月日造」十字。凸緣。

◎「洪武二十二年」為西元1389年。

◎圓形。圓鈕。鈕外飾銘文及齒形紋各一周。寬平緣，緣上飾齒形紋二周。

◎銘文為「嘉靖丙申午日任邱令鏡堂志」十二字。

◎「嘉靖丙申」為西元1536年。

119
隆慶王雲川銘鏡
【明】
直徑13.2公分　重537克

◎圓形。圓鈕。鈕周圍飾八乳丁及弦紋一周，其外飾博局紋、獸紋及弦紋二周。鈕左右兩側各有一縱行銘文。寬緣，上飾獸紋一周。

◎銘文為「隆慶戊辰三月江西省鑄荊溪王雲川記」十六字。

◎「隆慶戊辰」為西元1568年。

120
隆慶三年銘方鏡
【明】
邊長8.4公分　重389克

◎方形。圓鈕。鈕左右各飾銘文三字。緣由二周凸弦紋構成。

◎銘文為「隆慶三年孔像」六字。

◎「隆慶三年」為西元1569年。

121
萬曆辛卯銘鏡
【明】
直徑12.2公分　重427克

◎圓形。圓鈕。鈕上方有銘文五行，右側飾長方形印章銘，左側為銘文一行。寬平緣。

◎鈕上方銘文為「鏡銘象君之明，日升月恆，擬君之壽，天長地久」。

◎鈕右側印章銘文為「薛懷泉造」四字。

◎鈕左側銘文為「萬曆辛卯開化縣置」八字。

◎「萬曆辛卯」為西元1591年。

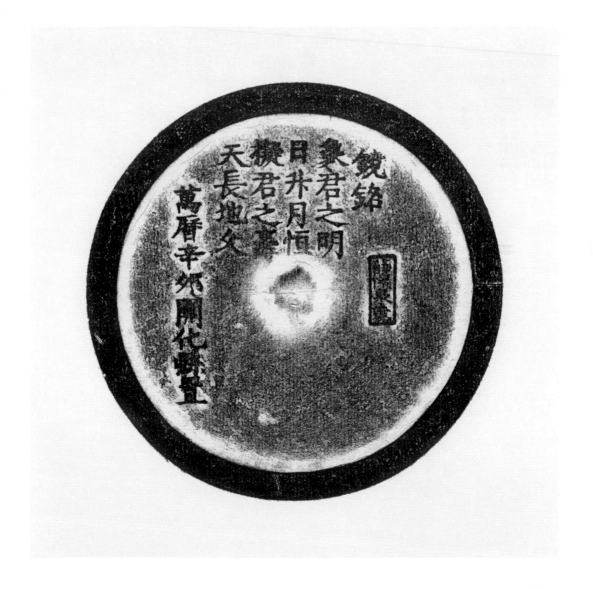

122
萬曆甲寅銘鏡
【明】
直徑10公分　重313克

◎圓形。圓餅形鈕。鈕上有「金紹吾記」四字方形印記，周圍飾八縱行銘文。

◎銘文為「爾象斯團，爾質斯清，如月之恆，如日之升，影我之形，印我之心，我心不塵，與爾同明，方氏（印押），萬曆甲寅棠溪金億銘」四十三字。

◎「萬曆甲寅」為西元1614年。

123
萬曆款鎏金龍鳳紋鏡
【明】
直徑28.4公分

◎圓形。如意雲頭鈕。鈕兩側飾一龍一鳳，間飾雲朵紋。鈕上方有一長方框，內飾「萬曆年造」四字。以葉紋為地。捲緣。通體鎏金。

124
天啓六年款鏡
【明】
直徑10.8公分　重192克

◎圓形。圓鈕。鈕周圍飾銘文四字，通體無紋飾。寬素緣。

◎銘文為「天啟六年」四字。

◎「天啟六年」為西元1626年。

125
人物紋方鏡
【明】
邊長6.9公分

◎方形。元寶形鈕。鈕左右各飾一人，鈕上下飾雙角、寶錢等八寶紋，周圍飾凸稜一周。窄緣上捲。

126
五嶽眞形鏡
【清】
直徑13.2公分

◎圓形。方鈕。鈕上有一篆符，周圍飾四凸篆符，與鈕組成五嶽。高窄緣上捲。

127
龍紋鏡
【明】
直徑6.7公分

◎葵花形。圓鈕。鈕周圍飾一單體龍紋，雲紋作地紋。寬平緣。

128

爐式鏡

【明】

通高20.6公分　寬15.5公分

◎爐形。無鈕。雙立耳，直頸，寬肩，三足。凸緣。爐形輪廓線內填黑漆。

129
鐘式鏡
【明】
通高20.3公分　寬11.8公分

◎鐘形。無鈕。直甬，鐘上有十八個長枚，間飾變形夔紋，橋形口，口上方飾兩曲身夔紋。凸緣。輪廓線內均填黑漆。

130
瓶式鏡
【明】

通高22公分　寬13.1公分

◎瓶形。無鈕。由寬凸稜勾勒出瓶的輪廓。瓶口由橢圓形雙弦紋構成，頸部飾有二凸弦紋，頸下飾梅花紋五，間飾圈紋四，肩部左右各有一耳，腹下飾兩同心圓。足飾弦紋三道。鏡背面均填黑漆。凸緣。

131
八角雲龍紋鏡
【明】
直徑18.8公分

◎八尖角形。無鈕。中心飾團身龍紋，四周飾捲雲紋，紋飾凸起，周圍填黑漆。

◎此鏡裝在盒中，鏡盒蓋打開折疊可做支架，盒為紙質，盒面用綢緞裝飾。

132
八角雲龍紋鏡
【明】
直徑18.4公分

◎八圓角形。無鈕。中心飾團身龍紋。邊緣飾捲雲紋，紋飾凸起，凹處均填黑漆。

133
花朵形鏡
【明】
寬16.5公分　高14.9公分

◎花朵形。無鈕。通體裝飾成蓮花瓣形，上有花蕊，花紋凸
起，凹處填黑漆。

134
蟠龍月字鏡
【明】
直徑14.2公分

◎圓形。無鈕。中間有一圓框，框內一「月」字，圓框內填紅漆。圓框周圍飾團身龍紋，龍體四周飾雲紋，周圍填黑漆。寬緣。

135
雙蝠菱形鏡
【明】
高16.8公分　寬22.5公分

◎雙菱形。無鈕。兩正方形框相交，中間形成一小方框，正中飾團形「壽」字，鏡兩端左右各飾一蝙蝠。近緣處有凸稜一周。凸緣。通體填以黑漆。

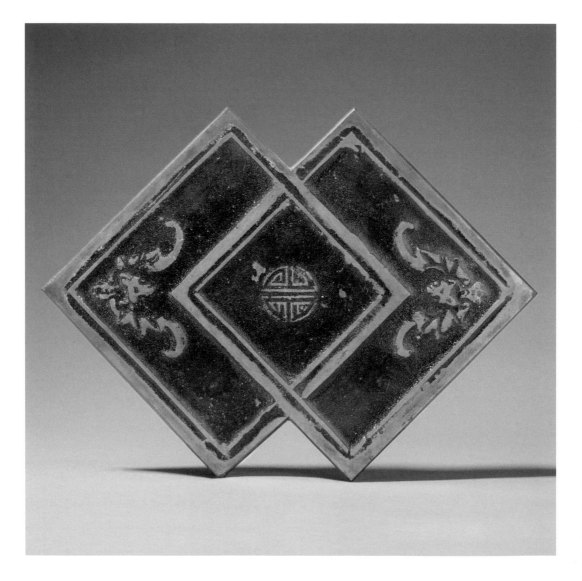

136
雙環龍紋鏡
【明】
長20.5公分　寬14公分

◎雙環形。無鈕。兩環相交處飾雲朵紋，雲朵中心飾菱形幾何紋。兩環邊上各飾龍紋。每個環均為兩個同心圓組成。凸緣，緣旁有凹槽一周。紋飾內及周圍均填黑漆。

137
雲朵龍紋塡漆鏡
【明】
長19.4公分　寬15.8公分

◎橢圓花朵形。無鈕。鏡中心飾龍紋，龍作團狀，左右各飾一梅花紋。緣凸起，作雙線雲狀紋。紋飾內及周圍均塡黑漆。

138
雲紋塡漆鏡
【明】
長18.9公分　寬14.1公分

◎橢圓花朵形。無鈕。鏡兩端左右各飾一梅花紋。緣凸起，作雙線雲狀紋。紋飾內及周圍均塡黑漆。

139
飛鳳牡丹雙子鏡
【明】
直徑14公分

◎圓形。無鈕。鏡背飾龍紋，紋中有一圓圈，內有一「雙」字。緣凸起。紋飾內外填黑漆。

140
花朵紋鏡
【明】
長17公分　寬15.2公分

◎花朵形。無鈕。近緣處飾四如意狀雲紋，雲紋由花枝相連，枝上各有一花朵，上下兩如意狀雲紋左右各飾一帶枝花朵。紋飾內外填黑漆。

141
龍紋規子鏡
【明】
直徑15.9公分

◎圓形。無鈕。龍紋環繞呈團狀，龍紋中有一圓圈，內有一「規」字。近緣處有一圈凸稜，凸稜與捲緣間形成一凹槽。紋飾內外填黑漆。

142
人物紋鏡
【明】
直徑11公分

◎圓形。元寶形鈕。鈕上方飾二層亭閣，左右各飾一飛鶴，鶴下分別飾花葉和寶錢。鈕左右各飾兩立人，手中持物。鈕下方飾香爐，兩側各飾一寶瓶，兩旁飾寶錢、方勝、雙角等八寶紋，下飾畫卷。窄緣上捲。

143
九世同居鏡
【明】
直徑14.1公分

◎圓形。圓鈕。鈕周圍有四方框，內各有一字，其外飾弦紋一周。窄捲緣。銅質呈黃色。

◎銘文為「九世同居」四字。

144
七言詩銘鏡
【明】
直徑8.7公分　重63克

◎八瓣菱花形。圓鈕。鈕周圍飾七言詩一首，其外飾凸稜一周。凸緣。

◎銘文為「雲龍山下世宜春，放鶴亭前總樂輝，一色杏花紅十里，狀元歸去馬如飛」二十八字。

◎圓形。短柄，無鈕。一面飾紋飾，另一面飾銘文。紋飾為千手觀音像，坐於蓮花座上，下飾海水和山石。另一面正中刻有「准提菩薩」四字。近緣處刻有梵文一周。柄上有一圓穿孔。

148
任小軒造鏡
【明】
直徑8.7公分

◎圓形。半球形鈕。鈕右側飾火燄紋及「任小軒造」四字。
鏡背略凹。

149
螭鈕鏡
【明】
直徑8.0公分

◎圓型。螭鈕，螭作伏臥狀。捲尾，螭首、獸身。高窄緣上捲，緣高於螭鈕。

150
十二生肖紋鏡
【明】
直徑27.1公分　重2153克

◎圓形。獸形鈕。由鈕至外共分五區，均以連珠紋隔開。第一區飾四神獸和花朵紋，第二區飾十二生肖圖案和葡萄紋，第三區飾八卦紋和花葉紋，第四區飾星象紋，第五區為銘文一周。緣飾雲朵紋。

◎銘文為「長庚之英，白虎之精，陰陽相資，山川效靈，憲天之明，法地之寧，分列八卦，順考五行，百靈無以逃其狀，卍物不能遁其形，得而寶之，福祿來成」五十四字。

151

三枝花紋鏡

【明】
直徑31.1公分　重2187克

◎圓形。圓鈕。鈕周圍飾三枝花紋，上有細葉及花朵。近緣處飾弦紋一周。捲緣。

152
開元通寶款鏡
【明】
直徑4.6公分　重30克

◎圓形。圓鈕。鈕外飾弦紋一周，周圍飾銘文「開元通寶」四字。整體為錢樣。

153
菱花式素鏡
【明】
直徑11.9公分

◎六角菱花形。餅形鈕，鈕上飾一團形「壽」字。鈕周圍光素無紋飾。銅質細膩，鏡背有鑄造時留下的纖細旋紋。

154
菱花鏡
【明】
直徑13.8公分

◎菱花形。圓餅形鈕，鈕上飾團形「壽」字。鈕周圍光素無
紋。銅質細膩，鏡背有鑄造時留下的纖細旋紋。

155
素方鏡
【明】
邊長9.7公分

◎方形。半球形鈕，圓鈕座。鈕周圍飾凸稜二周，鈕上綢帶為宮廷使用者所繫，通體光素無紋。

156
崇禎五年款鏡
【明】
直徑13.7公分　重312克

◎圓形。圓鈕。鈕周圍有銘文「崇禎五年」四字。寬素緣。

◎「崇禎五年」為西元1632年。

157

長方形銅鏡

【明】

通高29.5公分　通寬19.5公分

◎長方形。無鈕。整面銅鏡嵌在一木框內，鏡面呈弧形，木框上端有一環，環鈕為螺絲釘，木框側面正中嵌有一螺母。銅鏡亦可橫向使用。

158
犀牛望月鏡架
【明】
通高17.4公分　寬30.4公分

◎臥牛狀。中空，牛回首，背部有一月牙形支架，支架上有槽，可放置銅鏡，前部飾雲紋。

159

康熙五嶽八卦紋鏡

【清】

直徑9.3公分

◎圓形。方鈕。鈕上飾其道教符籙，周圍飾象徵四嶽的符
籙，以鈕為中心組成五嶽。其外飾八卦紋間飾銘文，銘文為
「康熙五十九年六月」八字。
◎此鏡為清宮內府造。
◎「康熙五十九年」為西元1720年。

160
嵌琺瑯纏枝花紋鏡
【清】
直徑22.5公分

◎圓形。圓鈕。以鈕為中心通體飾纏枝紋，枝上飾五朵不同顏色的花，紋飾全部採用掐絲琺瑯工藝，有紅、黃、藍、綠、白等多種顏色，用銀絲勾勒出紋飾輪廓，銀絲內嵌入琺瑯。凸緣，緣的側面飾纏枝紋。鏡身厚重。從此鏡可以看到清朝精湛的琺瑯工藝水準。

◎此鏡為清宮內府造，鈕上絲帶為宮中使用者所繫。

161
乾隆款雙螭紋鏡
【清】
直徑8.4公分

◎圓形。圓餅形鈕，鈕上有「乾隆年製」四字款。鈕周圍飾變形雙螭紋，其外圍飾銘文一周。近緣處飾齒形紋二周，間飾蓮花瓣紋。凸緣。

◎銘文為「映重瞳兮千萬歲，仰神警列兮雙衛光」十五字。

◎此鏡為清宮內府造。

162
乾隆款博局紋鏡
【清】
直徑11公分　重393克

◎圓形。圓餅形鈕，方鈕座，鈕上有「乾隆年製」四字款。鈕外飾乳丁紋及葉紋，周圍飾博局紋及圓形紋。外圍飾銘文、齒形紋和變形獸紋各一周。窄緣。此鏡為仿漢博局紋鏡。

◎銘文為「煉形神照，璧月騰輝，周天分野，庚□十二」十六字。

◎此鏡為清宮內府造。

163
仿瑞獸菱花鏡
【清】
直徑13.6公分

◎菱花形。半球形鈕。鈕左右各是一神態不同的獸，兩獸相
對。獸似人單腿站立，尾上翹。鈕上方飾花籃，籃上有一菱
形幾何紋。鈕下方是一對相對鴛鴦，喙銜一花朵。近緣處飾
蝴蝶紋間飾雲朵紋。凸緣。

164
乾隆長宜子孫銘鏡
【清】
直徑10公分　重315克

◎圓形。圓餅形鈕，鈕上有「乾隆年製」四字。以十六內向連弧為界，內區有「長宜子孫」銘四字，周圍飾如意紋及火紋。外區飾蔓枝紋及銘文各一周。

◎銘文為「螽斯麟趾兮蕃其慶，神輝照室兮男子之彥，辟月兮來堂，耿玉□兮天橫」二十八字。

◎此鏡為清宮內府造。

◎圓形。方鈕，鈕上有「乾隆年製」四字。鈕周圍飾弦紋三周，弦紋外飾四「ㄇ」形紋，其外飾四個變形獸面紋。近緣處飾銘文一周。凸緣。

◎銘文為「清光盈金盤，仙閣涵珠英，春花秋月景，長明涼台炷館」二十一字。

◎此鏡為清宮內府造。

170
乾隆萬春芙蓉鏡
【清】
鏡盒18.5×15.6公分

◎銅鏡嵌在一方形木盒中，正面露出圓形鏡面，背面是雕刻精美、可開啟的鏤空支架，從支架正中圓形開口處，可見方形鏡鈕，上有「乾隆年製」四字款。

◎此鏡附有原配書形木匣，匣面上題「萬春芙蓉鏡」。

◎此鏡為清宮內府造。

錦幅映春光滿華屋
望仙樓窈遠目燿金波開
妍散芬馥環曲江净如沐
蔟蔟早鶯啼晚蜂宿鬭芳
芙蓉園萬花谷碧團團紅
錦幅映晴含爽藹華屋
望儼糚窈遠目燿金波開
妍散芬馥環曲江净如沐
蔟蔟早鶯啼晚蜂宿鬭芳
芙蓉園萬花谷碧團團紅

171
乾隆款尚方鏡
【清】
直徑10.7公分　重406克

◎圓形。圓鈕，方鈕座，鈕上飾「乾隆年製」四字。鈕座上飾十二乳丁紋，周圍飾博局紋、八渦紋及獸紋，其外飾銘文、齒形紋及蓮花瓣形紋各一周。近緣處飾雲帶紋。平緣。

◎銘文為「延日鳥翔，天馬耀圖，百靈祛丕，若吐精輝，遍台閣漢，官鑒尚方」二十四字。

◎此鏡為清宮內府造。

172
乾隆款舞鳳狻猊紋鏡
【清】
直徑11.7公分　重493克

◎八瓣菱花形。方鈕，鈕上飾「乾隆年製」四字。鈕上下各飾一對狻猊，左右各飾一展翅鳳凰，周圍飾葡萄紋，其外飾銘文一周。近緣處飾花枝紋、蝶紋和雀紋。凸緣。

◎銘文為「金□奮飛，颺景菱花，流光月印，彩鳳鸞翔」十六字。

◎此鏡為清宮內府造。

173
乾隆五嶽眞形鏡
【清】
直徑13.5公分　重572克

◎圓形。方鈕。鈕上飾篆符,凸菱形作鈕座,菱形四角各飾
一牛首,牛首內有「乾隆年製」四字。鈕座外飾四圓形篆
符,與鈕組成五嶽,其外飾銘文一周及弦紋二周。近緣處飾
雲帶紋一周。凸緣。

◎銘文為「五嶽真形,傳青鳥使,大地山河,蟠縈尺咫,寫
象仙銅,明鑒萬里」二十四字。

◎此鏡為清宮內府造。

174
乾隆款萬春芙蓉鏡
【清】
直徑14.3公分　重891克

◎圓形。方鈕，圓鈕座，鈕上飾「乾隆年製」四字。鈕周圍飾弦紋二周及花朵紋一周，以重環紋為界，外飾連枝梅花紋及喜鵲紋。近緣處飾弦紋及銘文各一周。凸緣。

◎銘文為「簇簇早鶯啼，晚□□□芳妍散，芬馥玄□江，淨如沐鑒仙，樓窮目耀金，波開錦福映，春光滿華屋，芙蓉園萬花，尚碧團團紅」四十七字。

◎此鏡為清呂內府造。

175
仿海馬瑞獸仙菱花鏡
【清】
直徑14.4公分

◎菱花鏡。伏獸鈕。鈕上下各飾一海馬，左右各飾一仙鶴，間飾花枝紋。近緣處飾仙鶴、蜜蜂、花朵紋和雲紋。凸緣。

176
雙鳳紋鏡
【清】
直徑12.8公分

◎圓形。圓鈕，鈕上有車輪狀紋飾。鈕周圍飾雙龍紋及四朵雲紋，其外飾雙鳳紋，近緣處飾雲朵紋。凸緣。

177
乾隆款鏡
【清】
直徑9.3公分

◎圓形。圓鈕，圓鈕座，鈕上飾「乾隆年製」四字款。鈕座周圍飾變形四葉紋和浪花紋，其外飾弦紋二周和十六內向弧。近緣處飾浪花紋及銘文各一周。窄素緣。

178
乾隆款鏡
【清】
直徑12.1公分

◎圓形。圓柱形鈕，方鈕座，鈕上飾「乾隆年製」四字。鈕座上飾十二乳丁紋，周圍飾博局紋及獸紋。其外飾銘文、齒形紋及蓮花瓣形紋各一周。近緣處飾雲帶紋。平緣。

◎177、178兩銅鏡嵌在同一個書形木匣內，匣正面書有「葆光規古」第二冊。

179
仁壽五福紋鏡
【清】
直徑14.1公分　重667克

◎圓形。圓鈕，鈕上有「仁壽」二字。鈕外飾弦紋及五朵雲紋。主紋飾為五隻蝙蝠。近緣處飾勾連紋一周。素窄緣。

◎五隻蝙蝠象徵五福，五福是指福、祿、壽、喜、財。「五福」中間有「壽」字，構成「五福捧壽」圖案，「蝠」與「福」諧音，所以，整體圖案象徵吉祥、幸福。「蝙蝠」圖案在清代的器物、建築物上經常能看到。

180
五子登科銘鏡
【清】
直徑39.8公分　重6050克

◎圓形。方鈕。鈕外飾四方框，框內各有一字，連讀為「五子登科」四字。「五」字旁有一章形印記，內為「任德甫造」四字。寬素平緣。鏡體厚重，銅質呈黃色。

◎五子登科，源於五代時期。五代後周漁陽人竇禹鈞有五個兒子：竇儀、竇儼、竇侃、竇偁、竇僖，他們相繼登科，稱為竇氏五龍，被傳為佳話。後來流傳的「五子登科」多為吉祥、祝福之意。

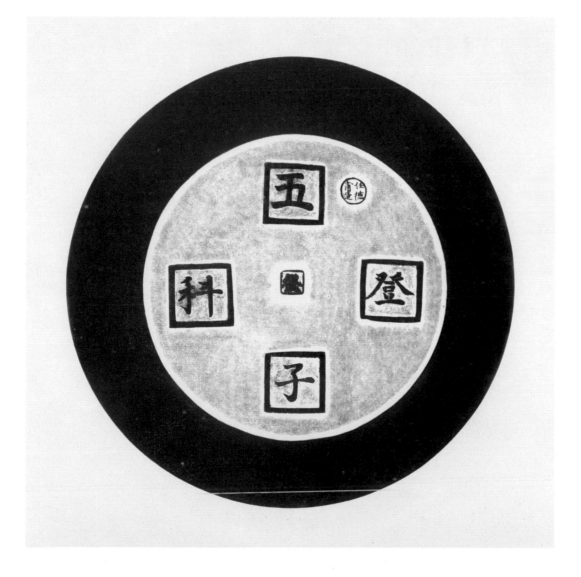

181
喜生貴子銘鏡
【清】
直徑41公分　重6450克

◎圓形。圓鈕。鈕周圍飾雙弦紋、雁紋及雲紋，其外飾四大方格，間飾四小方格，每方格內均飾一字，分別為「喜生貴子」、「福壽雙全」。銘文周圍飾人物、動物、花卉、雲朵及八寶等紋飾。寬捲緣。

182
薛晉侯款鏡
【清】
直徑12公分　重9125克

◎圓形。圓鈕，鈕上有「湖州薛晉侯自造」七字。鈕外飾人物四十六個，人物中有站、有坐、有蹲，有老、有少，各色人物　形態各丁相同　寬捲緣

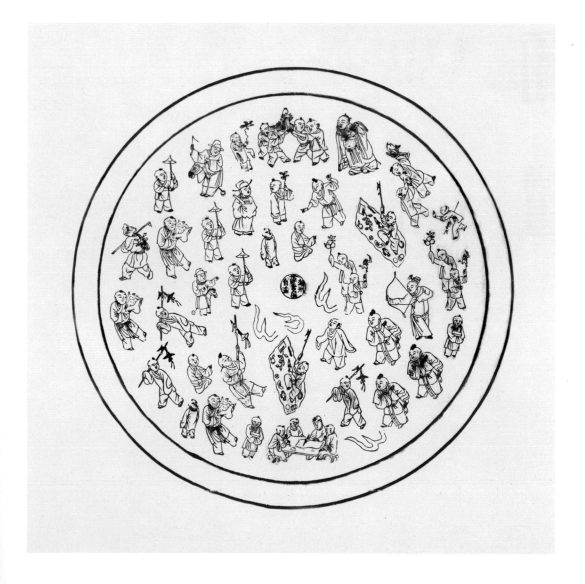

183
薛惠公造方鏡
【清】
邊長8.6公分

◎方形。無鈕。鏡上有銘文「方正而明，萬里無塵，水天一色，犀照群倫」。左下方有一圓形和一長方形印記，圓形印文為「苕溪」二字，長方形印文為「薛惠公造」四字。寬素緣。

184
銘文方鏡
【清】
邊長9.9公分

◎方形。無鈕。鏡上飾隸書銘文：「金精玉英日光月彩仁壽
揚輝照臨卯海湖鏡」１八字。銘文周圍填黑漆。寬素緣。

明清

289

185
福壽康寧
【清】
直徑24.5公分

◎圓形。圓鈕。鈕周圍飾四葉紋和「三元及第」四字。以鈕為鏡 中心有一「井」字形，將鏡背部隔成九格，鈕上下左右四格內，各飾「福、壽、康、寧」四字，「康」字上下各飾一「壽」字，「寧」字上下各飾一「喜」字。

186
素鏡
【清】
直徑25.2公分

◎圓形。半球形鈕。鈕外飾高凸稜一周。高緣，緣內側有台。銅質細膩、厚重，呈灰白色。鈕上有一繫帶，為宮廷內使用者所繫。

187
素方鏡
【清】
邊長6.5×6.3公分

◎方形。圓鈕。鈕周圍凹，鈕左側有刀刻四字，銘文為「易州張□」四字。銅質呈黃色。

188
八角形素鏡
【清】
直徑12.2公分

◎八角形。圓鈕，鈕上有一圓形「壽」字。光素無紋。銅質細膩、厚重，呈灰白色。鏡背面有製作時留下的旋紋。

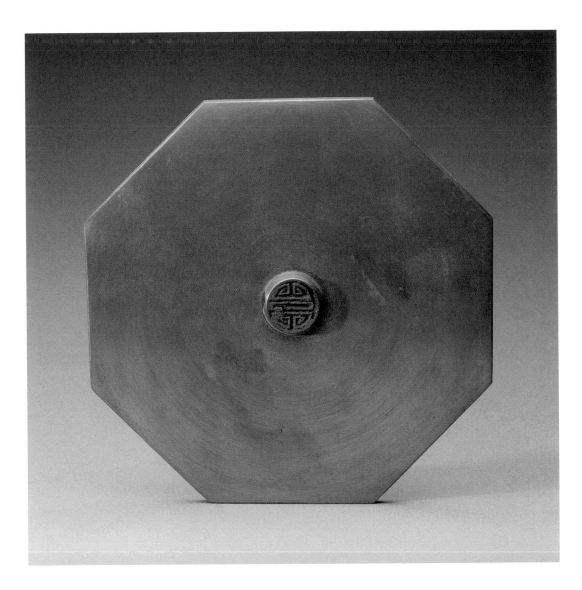

193
松樹人物紋木柄銅鏡
【清】
通高24.6公分

◎鏡體圓形。無鈕，木柄。背面髹黑漆，上繪一松樹，樹下兩人，一人盤坐手持器皿，一人站立手持荷花。前有小河，山石，後有花草和圍欄，樹兩側有雲朵。緣上捲。柄與鏡體連接處有珊瑚、象牙裝飾。

宣宗成皇帝御製鏡銘并序

鑑者鑑物之物也天府把水心

水涵月暈研鎏鑒延亟匜景方

圜不可飢遂形涵象見不長喝

山鷄對不起舞故君子飢向亂

玩元帝之坐玲盖敬發盅治六

瓁物彝方也固鑒以銘回

如鑑此明斷可飢平如鏡巨清

不任私脩晃剉昰傚接物亂

夫緒四年貝月上浣

200
清宣宗御製銘鏡
【清】
直徑33公分　重3650克

◎圓形。無鈕。通體光素無紋飾。鏡正中飾清宣宗御製銘，
為「宣宗成皇帝御製鏡銘並序，鏡者，鑒物之物也，夫內抱
冰心，外涵月暈，妍嬈舞從，以匿景分，圓不可以逃形，海
鳥見而長鳴，山雞對而起舞，故君子以賞以玩，充席上之
珍，蓋欲澄虛治內，應物舞與也，因繫以銘曰，如鏡之明，
斷可以平，如鏡之清，不任私情，是則是傚，接物以誠，光
緒四年且月上浣，穀旦」一百一十五字。

◎「光緒四年」為西元1878年。

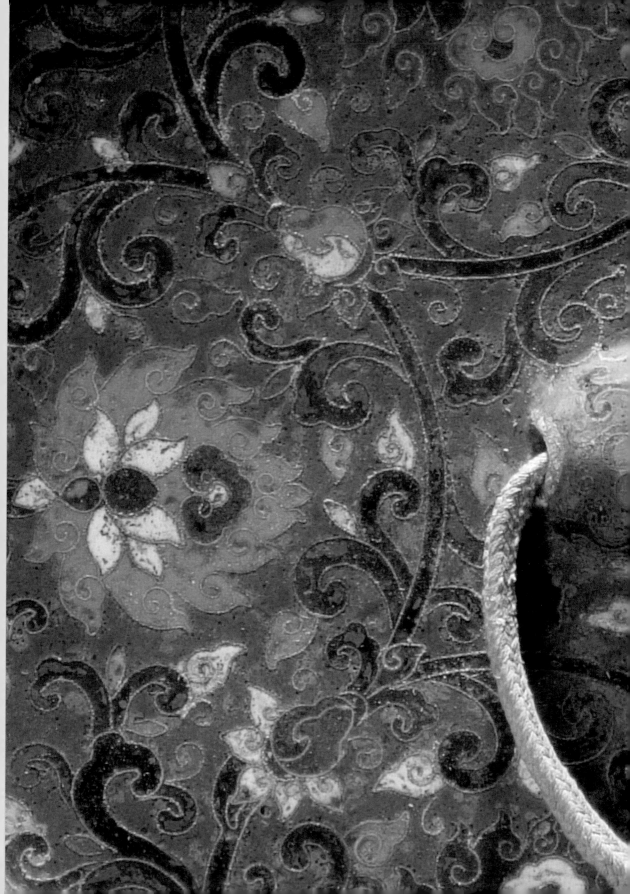

國家圖書館出版品預行編目資料

你應該知道的200件銅鏡＝Copper Mirrors／

　何林主編：北京故宮博物院編.——

　初版.——台北市：藝術家，2007.10

　　　面17×24公分.（故宮收藏）

　ISBN　978-986-7034-66-3（平裝）

　1.銅鏡　2.圖錄

793.61024　　　　　　　　　96018259

你應該知道的200件銅鏡

北京故宮博物院　編／何　林　主編

發行人　何政廣
主　編　王庭玫
編　輯　王雅玲、謝汝萱
美　編　柯美麗

出版者　藝術家出版社
　　　　台北市重慶南路一段147號6樓
　　　　TEL：(02) 2388-6715～6
　　　　FAX：(02) 2331-7096
　　　　郵政劃撥：0104479-8號　藝術家雜誌社帳戶

總經銷　時報文化出版企業股份有限公司
　　　　倉庫：台北縣中和市連城路134巷16號
　　　　電話：(02) 23066842
南部區域代理　台南市西門路一段223巷10弄26號
　　　　　　　TEL：(06) 261-7268
　　　　　　　FAX：(06) 263-7698

印　刷　欣佑彩色製版印刷有限公司
初　版　2007年（民國96）10月
定　價　台幣380元

ISBN　978-986-7034-66-3　（平裝）
法律顧問　蕭雄淋
版權所有‧不准翻印
行政院新聞局出版事業登記證局版台業字第1749號

本書中文繁體版由紫禁城出版社　授權

目錄 CONTENTS

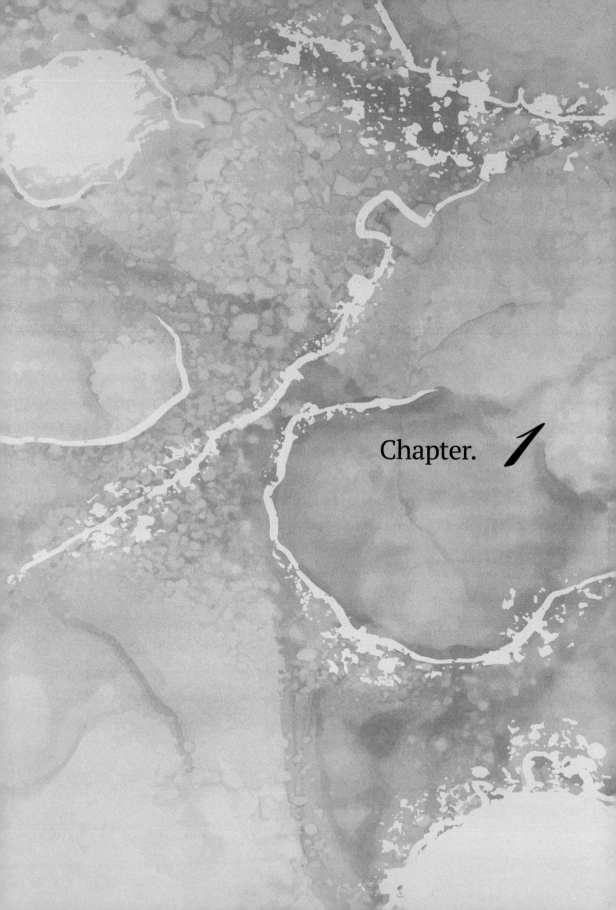

Chapter. *1*

水墨繪畫理論與實踐（代序）

黃光男

一、繪畫美學與繪畫創作是一體兩面的課題

亦即由創作經驗中，了解繪畫美學的內涵與意義，或是由理念出發，經過情思消融的過程，而由技法的應用再創作藝術品。

兩者之間是相濟相輔的結合體。然而，藝術美學則在更為嚴謹的審理之間，有「知與覺」的感應、也有呈現情知與畫面的表現。在此，我們要說的是當下的水墨畫界，或說中國繪畫藝術美學的層級，究竟達到了「真實」創意的高峰，還是停滯在形式反覆的純熟？讓我們社會關心此項藝術發展的藝術工作者，究竟能否開創新時代、新世紀的精神領域，則是令人陷入了深切的思索！

於此，在一群研究現代水墨畫的學者、專家，以不同的觀點與認知的角色，從歷史學、社會學、心理學、美學等等內涵，依個人專業角度再一次的反省與開創，務求「真實」的繪畫美學，對創作的成果有一份美好的貢獻。

當然，在「知」的領域裡，是廣泛地尋求與藝術美學的相關思想、學理、或表現形式的應用，並在視覺美感中，能審理出美學中的「覺」的部分，即所謂即知即覺的作品，被認為有助於社會發展的當下，也可在文化傳承上更了解藝術本質上的「創意」，則有益於社會各個層面的蓬勃發展。茲以下幾項研討的主題分列於后。

二、現代與當代的衍生義

現代一詞，聽起來有些年輕的感受，但是要有多年輕，還是在一種傳統之外的現場，是即時的、也是時下的剎那、是立即可知可感的現場，也是生活需要的動力。甚至是可以解決問題的方法。

大致上是一種不停而運轉的力量，與所謂「當代」的進行式相當，也有一種「時尚」或「流行」的意涵。更具體地說，「現代」或「當

代」所具有的意念，應該是現實的、現場的、是可知的、也是可感的，更是「創新」的產物，被社會所應用的生命圖記。

餘此類推，現代水墨畫與現代藝術的意涵，基本上的連結在一起的，也是在當下時空中，訂定了「最偉大的現在畫家，就像現代科學家、探險家一樣，都是拓荒者」（A Yred. H, Barr. JR）略似。

現代與當代的體悟，便成為是否傳統或進步的專有名銜。

我們都活在現實的環境中，是現代、也是當代、那麼現代水墨畫又如何不「現代」呢。它具備了時代性、環境性與社會性的現實。是可知可感的圖記與符碼，在我們的生活記下了情思與主張。

三、現代水墨畫的意涵

事實上，現代水墨畫的重點，還在中國繪畫美學的範疇之內，也在傳統文化中的時空演化，更是藝術美學中的經驗疊積。

換言之，以中國繪畫作為基調，便可了解水墨畫的名稱，並不能含蓋中國繪畫的精神與實質。若以名詞理解「水墨畫」一詞，僅說中國繪畫表現的技法、或素材的應用而已，對於「國畫」（中國繪畫藝術）中的內涵、是被忽略的、如詩、書、畫、彩、墨，以及美學哲思、並未能融納其中。但若以概括來說，在此就沒有再細分的必要，但仍要提出了：（一）形式與造境、（二）內容與表現等項，作為它的特徵。

（一）形式與造境

形式指的是它在呈現視覺樣式時，是否有其特殊的造境呢？答案是以水墨作為繪畫的材料，「墨加水」多於其他的色彩或圖象，條條的應用多於塊面的疊積；其次是布局（構圖）應用，以虛實相應有關，如守黑當白，或守白當黑的「圖地翻轉」的結構。若在再說書寫性，就有文字（漢字）的影象了。

（二）內容與表現

內容表現是水墨畫的靈魂。內容是中華文化中（延伸為東方美學）的學識與哲思，常常在意到筆不到，或另有所指，或具文學的觀點，如謝赫的「六法」、荊浩的「六要」，或是「觀乎天文，以察時變，觀乎

人文，以化成天下」的說法，並加入文字書寫（詩詞）、或圖象意涵的
鋪陳，如「助人倫，成教化」的寓教等等，中國繪畫已非全在視覺上的
意義，更有「六藝」的精神。

此外，現代水墨畫加值於藝術美的同時，除了表現出具有東方美
學的神祕主義的方向，藝術創作也滲入西方直指（寫實）、宗教（神
靈）、裝飾（圖象）、或抽象（結構）的元素外，更可再深一層了解它
的美學鑑賞與法則，早已自成一體的「風、雅、頌、賦、比、興」的寄
寓，既是視覺的圖式、又是心靈的寄託，更是「外師造化，中得心源」
的意象、心象、抽象而進現代性的繪畫表現。

四、中國藝術的繪畫美學

其一是傳統中的院體畫，即是一項專業化、或稱之為院體畫，工
整、巨大、而精確，不論是結構或表現均在技法上力求完整，在內容充
實，境界寬廣使之成為丹青匠師，如北宋范寬的「谿山行旅」、或是郭
熙的「早春圖」等等。

另一項成為中國繪畫美學精神的傳統文人畫，它不僅在中國文化中
表現出經、史、子、集的內涵更是精神領域的悟道，以老莊、孔孟、或
佛家的冥思精神，集中國文化之精華，有一種文人強調的思想、知識、
才華、品德的綜合性表現，在經世與人倫之間採取了綜合人格式的繪畫
美學、圖象之外的意象、心象組合了特有的畫式。

其二是詩、書、畫的融合，甚至加入了篆印用印的勵志文理、以全
人格、全才能的寄性，雖是逸筆草草、或是簡筆造境，都有多層意涵，
常常在「畫外畫」意的驚奇，或是筆墨技法相濟、詩畫同體的美學觀。

因此，中國繪畫的美學表現，或稱之為現代水墨畫的闡釋，除了視
覺形式美的要求外對於繪畫美學的理解，在於整體文化經驗的總和。

五、現代生活與新題材

是現代水墨畫的動勢，沒有優或劣的看法，只有不同時代、有不同
經驗的出現。

在現代時空中的藝術工作者，很容易理解共知共感的形式與內容，在選擇創作題材中，一定在時代生活取材，在環境影響中建立共識。例如中國繪畫創作、因居家的需要、有掛軸與手卷方式創作，而今大廈、或公寓的居家環境，則有如西畫中的裝框方式，甚至作為佈置牆壁的裝飾設計。

當這項改變，並不足以改變中國繪畫美學的表現，卻也因為中西文化的交流、西方承受中國繪畫的藝術美學，有「理也、氣也、趣也」三到精神，所以東方、抽象、表現主義的主張儼然而起，除了趙無極之外、克萊思、漢斯哈同、帕洛克、或蘇拉吉的「好奇」與實驗，造成現代繪畫的新主張，也認同了中國畫的「虛、實」相應的逸趣。

而今在寶島的現代水墨畫家，如劉國松、高行健、張永村、于彭、洪根深、李振明、李憶含、或是黃才松等等造境，各領風騷亦得新境。筆者確信新世紀、新題材、新造景的表現，必與社會發展息息相關。不論是千古而來的名作、在時空精神與現場中必有社會意識的象徵與表現，因而筆者在水墨畫現代性的創作上，既有傳統國畫美學的掌握，亦得以當下實事的現場，作為創作的題材。諸此等等將可在藝術學上再次確認新意象的美學觀。

六、實驗精神是當代水墨畫創作的新天地

實驗的意涵在於未定型，也在建立當代藝術美學的新風格。在這項發展的過程中，充滿著新視覺、新美感的喜悅，包括傳統中的技法或畫質的活化，以及新意向與科技所呈現的時代精神。具體地說當下正發展的數位科技、或是雲端儲存能量，元宇宙的推演等等無不在一種變易之中。

這項進展在社會意識，便有了更豐盛的思維與主張，也有更明確的象徵與圖象的確定。例如無人飛機、或煙花組合，甚至是山高水深的新意象，都會影響藝術工作者的創作思想。

以水墨畫創作技法與時機審視：其一是表現方法的改變，其二是現代思潮的影響。

第一項指涉的是：文化涵養即是認知的文化內涵與經驗的多寡，會影響創作的美感層次。歷史認識是文化的傳承、價值的掌握都有一定性的深度。素材應用包括研磨、筆勢、或設色的設計、已超越文房四寶的範疇，技法實驗包括墨彩、潑灑、速寫或印染等等，不在某一家筆法的堅持。時代精神與畫面的新經驗，儼然有師承之外的新意涵，滲入藝術學的哲理、文心的開創，創作新的水墨畫時代風格。

第二項是受國際藝壇與藝術新思潮的影響，也是新世紀中的新社會、新秩序的融合，在無界限中的特質，成為時代性的精神。亦即由單一的文化或傳統形式，變為多元文化的觀念陳述，使社會「議題或觀念」再次被檢討或應用。

以上的省思在於新環境中成長茁壯，尤其受近代中國繪畫藝術的影響，西方的藝術家如帕洛克、蘇拉吉分別以滲墨畫、點滴墨，或側筆創作「當代」的繪畫風格，成為國際美術史上的新意念。當然，這項國際藝術思潮中，就是所謂藝術美的「現實性、現場性、實驗性、表現性」媒材應用。也是中國繪畫美學中的物象到意象而後心象的抽象思維。

中國繪畫美學的神祕主義主張存在各個時空中擴散。

七、水墨畫藝術美學與價值

水墨畫藝術美學與價值，是項文化經驗的傳承，它是知識的、情思的、也是心靈的。超越時空的信仰與人性神靈、更是作為中華文明的亮光、導引大眾前進、有如「天有四時之氣、神亦如之」（清・沈宗騫）的作用。

因為有價值才有表現。價值來自文化體的堅持，也是生活意義的迴盪，更是借之表達自我情思的圖象，並化為民族或時空美學的象徵，可傳達文化、社會、民俗、歷史等性靈的存在。它也是人類借以表達文明層次的證物，既是物件、文件，也是精神的信仰對象。

那麼當下水墨畫的環境應該具備國際性（環境）的新世紀（時代）的特徵，有當今的知識與情感，甚而表現了地方性、民族性、或美學呈現的特色與風格。

再說水墨畫的當下風格，在中國繪畫美學的價值應有更大的張力與主張，「風格的價值，全在於它會供給我們去感受這些異同的能力」（B. Loury），這項看法便能理解水墨畫的藝術美學、在特質上所具有的美感要素，與時空特質，更是豐富的知識與情思的結合。

它是東方美學的原創體，是中華文化的聚光處、也是社會意識與價值的信仰對象。與時俱進的多元、綜合藝術表現的整體。

八、水墨畫創作與實踐

是藝壇重視的課題。為了使水墨畫具有時代性與國際性的發展、首要要認清，水墨畫藝術的多元美學與內容的創作，不只在物象描繪的單一視覺畫面，它所表現出的歷史性、社會性或生活性，以及多元藝壇媒介體的綜合，包括書法、詩詞、用印或文學體的結合，件件都有寄寓的張力，所謂「挹之有神，摸之有骨，玩之有聲」（明‧沈顥），或「畫學高深廣大，變化幽微，天時人事，地理物態，無不備焉」（清‧唐岱）中，我們可以感應到中國繪畫藝術的多元美學，以及社會意識所結合的時代性創作。

在此，我們可以說，中國繪畫的創作、或說現代水墨畫的表現。藝術家必然是文化的傳承者，必然是社會意識的敏感接納器；也是外界抒解而成的現實經驗，在自我情感、思想中、熱情而有力的驅動者。在創作與表現上。必須有文化史觀與見解，有文學性的思索與應用，有文學的認知與解析，有書道的能量與表現，有篆刻的經驗與賞析，更有社會意識與個性抒發的內含等等。

水墨畫藝術是一項綜合美學的視覺藝術，表現文化層次與社會發展，得要有傳統的整體與新世代的理想。

美學的呈現，不只是視覺經驗（技法），更要有社會實踐（內容）的理想。

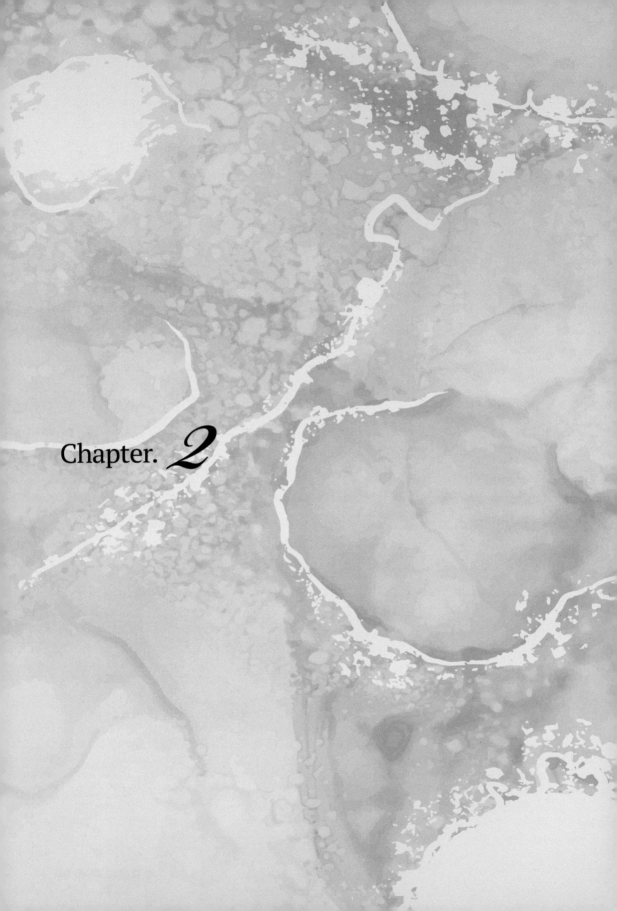

Chapter. *2*

院體畫美術美學論述

黃慶源

前言

　　院體畫，簡稱院畫；作品風格法度嚴謹細膩，色彩絢麗，雍容華貴，重形式富藝術性；審美標準迎合皇室統治者，謂之院體畫，是中國傳統繪畫主要的畫種之一。

　　六朝繪畫，在追求「形似」的精緻逼真，觀顧愷之的創作實踐，仍局限於對「形」的寫實以呼應對「神似」的認識；但其所提出的「以形寫神」的理論，標舉著中國繪畫藝術，歷史性自覺的一大躍進意義重大；至此人物畫的藝術價值，已認知到畫家應賦予人物的精神及內在美才是最主要關鍵。

顧愷之　作女史箴圖　東晉345－406年

　　漢魏以後佛教稱霸中原，中國文化在短短三百餘年間便把佛教吸收消化了。[1]佛教文化對於文人士大夫的繪畫書法藝術，間接且深刻影響，使中國藝術自魏晉後期從自覺走向成熟階段；鼓舞推展了藝術觀念、藝術理論、造型與形式的建立發展。玄學與佛學內在精神思想的合流，並落實到藝術中，強化了內在精神氣質與情感內涵之美，進入以形寫神、氣韻生動、重意境等純粹藝

1　高木森著《中國繪畫思想史》，三民書局，2004年，頁109。

心理活動，將創作思想活動，做了準確而凝練的概括，強調他是主客體的融合。繪畫不是照相，照相機雖也能表現意境，照出自然界的虛實、濃淡、隱顯等變化，然那是一種透過機器原始形態表現的意境；畫家進入創作情境時，要將自己的思想、主觀意識，通過技藝表現出來，將自己的思想、理趣、情感融匯在作品之中。清代畫家湯貽汾《畫鑒析覽》所云：「乃知慘澹經營，似有似無，本無意中融變，即令朱黃雜遝，或工或誕，當於象外追維。」；「或工或誕」意指無論各種不同流派紛呈，必須從審美的各種理論原則中發掘出美的依據；「象外追維」就是指能通過作品，追尋出畫家的思維活動，思想情感，審美意趣，這已使繪畫作品進入了一種哲學和美學的欣賞層面，而非停留在「像與不像」的淺薄分析，是超以象外的藝術境界。

〈二〉虛實相生

繪畫藝術，無虛實關係就沒有意境；石濤在論皴法虛實道：「古人虛實中度，內外合操，畫法變備，無癡無病」，所談虛實就是意境，而構成畫面的虛實都須精準掌握筆墨濃淡、粗細、遠近、隱顯、藏露的水墨變化；依循「計白當黑」、「知白守黑」中國傳統的審美原則；面對實境的寫真描繪所創作的藝術作品，真誠喚起內心深處感動的詩意虛境，在傳達給鑑賞者情理的認識中所激起想像能力的伸展，因而形成的藝術幻想和聯想進而引起共鳴，這些藝術手段的總和就是意境。

意境創造是由有限的物象畫面，進入到無限的藝術情趣聯想之中產生了虛實相生，實境與虛擬相結合的美妙境界。藝術家必須經由不斷地研究熟悉，從形到神精準地把握所要表現的對象，在對事物的真實描繪中捕捉事物的本質特徵，才能創作出情景交融，合情合理，想像與現實結合，主客觀統一，形象思維和邏輯思維統一，臻於「妙」的境界意境高遠的藝術作品。「虛實相生有如盆景五針松，左側松枝略低並向外延伸，右側為兩重松枝略高；左右松枝雖不同型，在量上卻很接近，給人以均衡感；因而達到妙境。」[7]

---

7 楊辛甘霖著《美學原理新編》，北京大學出版社，1996年，頁185。

觀中國傳統繪畫藝術理論發展的脈絡，留白觀早已是中國畫的構圖法則和審美特徵重要一環，其與中國傳統哲學的虛實相生、天人合一理論思想契合。水墨畫作品中空白處，在創作和欣賞中是有意義不可輕忽的，他是影響整體藝術效果的重要因素；中國畫「留白」藝術觀念約略形成於六朝，唐時成長宋代興盛，明清成熟，穩定成為水墨畫創作重要法則。清代笪重光說：「虛實相生，無畫處皆成妙境。」，清代畫家湯貽汾在《畫鑒析覽》曰：「人但知有畫處是畫，不知無畫處皆畫，畫之空處全域所關，即虛實相生法。」

　　在老莊哲學中，對生命認識，無為無形的「虛、無」是為其最高境界；《老子》說：「天下萬物生於有，有生於無。」；《莊子 人間世》也有「唯道集虛」、「大音希聲」、「大象無形」的論述。傳統書畫藝術中的虛實觀念，源於先秦道家和儒家的哲學中，以虛無為本、有無相生的理論，注重精神氣質內涵和整體內在的平衡，呈現出均衡美、節奏美、空靈美的中國繪畫美學特徵；「留白」藝術就在這些傳統哲學觀念相互影響下生成，歷代書畫創作和理論受其影響深遠；院體畫的藝術精神內涵，就在一脈相承堅固的哲學思想理論基礎中，穩健蓬勃發展。

〈三〉情景交融

　　意境是在情景交融的基礎上所形成的一種以意蘊、情趣取勝，美的藝術境界。在意境中寫景是為了抒情，是化景物為情思，也是化情思為景物。意境不是機械式的模仿自然，而是藝術家創造的一種新境，它能在有限中展示無限，即所謂「言有盡而意無窮」。[8]意是主觀，境是客觀，在意境中主觀與客觀的統一具體表現為情景交融。[9]王微〈敘畫〉云： 繪畫要「明神降之」，道出了藝術構思活動和精神活動對於藝術創作的重要作用。如果把宗炳「以形寫形」結合起來，即今之「生活基礎」加「創作構思」就更為完善。[10]

8　楊辛 甘霖著《美學原理新編》，北京大學出版社，1996年，頁134。
9　楊辛 甘霖著《美學原理新編》，北京大學出版社，1996年，頁135。
10　陳傳習著《六朝畫論研究》，台灣學生書局，1990年，頁154。

清人王國維在〈人間詞話〉 中說：「所造之境，必合乎自然，所寫之境，亦必鄰於理想故也。……能寫真景物，真感情者謂之有境界。」然境界無法用情景交融來簡單地完全概括；尚有源於莊禪思想，用妙悟的智慧創作具有禪意、詩意，圓相、圓滿的冥然自在，超然忘我，能引領玄思遐想，讓心靈感覺到「恬然澄明」清澈的僧侶文人，他們所創作繪畫、詩歌、書法等甚多具有禪意的藝術珍品，不是「情景交融」就能簡單涵蓋其思想意境。如梁（南北朝）布袋和尚「插秧詩」：「手把青秧插滿田，低頭便見水中天；心地清淨方為道，退步原來是向前。」青秧插滿田伴著水中天，清靜向前，既顯勤奮眷戀，又顯道法自然，不啟動禪心那能領悟出這充滿智慧的意境。

〈四〉觀物味象

繪畫是靜態的再現藝術。它的美是通過線條、色塊、構圖在二度空間範圍內以動人的造型，來再現現實，反映生活，表達畫家審美感情和審美理想。[11]藝術家對物象的觀察稱為「觀物味象」，像嘗鮮品味般地去品評藝術品，「品」出價值和標準來。談詩味曰詩品，談畫味曰畫品，論人味曰人品。傳統的審美概念意境說是從「品」字開始，也就是從味覺發展而來。美學範疇的「味」與「品」用感官而悟道，這是一個由感性到理性，由量到質的變化；「品味」如今被廣泛的運用，不僅被用來評價人品與商品，同時用來評價各類藝術品。

南齊 謝赫《古畫品錄》云：「一曰氣韻生動，二曰骨法用筆，三曰應物象形，四曰隨類賦彩，五曰經營位置，六曰傳移模寫」，所謂「畫品」是區別眾多的繪畫作品之優劣的。雖然繪畫有六個法則，很少能過全部具備；從古至今，各善一節。[12]六朝時期梁代庾肩吾的《書品》是最早對藝術使用品評標準，他將漢至齊梁時期善書法的一百二十多人的墨跡以九品而評騭；朱景玄《唐朝名畫錄》又名《唐畫斷》是已知中國最早的一部斷代畫史。著錄唐代畫家一百二十四人，以「神、妙、能、逸」四品品評諸家。朱景玄的這個評品繪畫標準對後世影響很

---

11 楊辛 甘霖著《美學原理新編》，北京大學出版社，1996年，頁170。

12 陳傳習著《六朝畫論研究》，台灣學生書局，1990年，頁231。

深，其在《唐朝名畫錄》中對逸品畫家如是評：「王墨者不知何許人，亦不知其名，善潑墨畫山水，時人故謂之王墨。多游江湖間，常畫山水，枯石、雜樹、性多疏野？腳蹙手抹，或揮或掃，或淡或濃，隨其形狀，為山為石，為雲為水。」文中描述王墨這個畫家，頗有現代派畫家的味道，手腳並用，揮灑自如，追求的是一種筆墨的趣味，畫山水在像與不像之間，是山是石，是雲是水，任憑觀者感覺；朱景玄「品」評的是深層的意境。

〈五〉道之體悟

儒、釋、道三大家，無疑是影響中國繪畫創作的三條思想主脈。儒家主張文以載道，藝以明道。釋家可分為一、傳統佛教畫派，以圖像學為根底；二、南禪畫派，以富有浪漫性格、自由奔放為宗。道家素來標榜自然、樸素和自由，但也附會陰陽之說來解釋宇宙生命原理，以氣之流動為生命力的顯現。後世的發展便有純哲學思辨的老莊學派，和附會陰陽五行之說的道教。[13]

中國藝術意境的最高層次是禪境。中國盛唐以後，佛學中國化使繪畫思想美學強調畫家的主觀作用，作品的內在精神意義。受外來佛教哲學和佛教藝術思想，促使中國哲學和中國藝術高度成熟，唐代美學思想在禪學的啟發下，「意境說」成為中國藝術最重要的理論基石，是中國最具特色的美學思想。宗白華說：「禪是動中的極靜，也是靜中的板動，寂而常照，照而長寂，動靜不二，直探生命的本源。」，宗白華還以佛教的語言闡述富哲理意味的中國繪畫意境說：「色即是空，空即是色，色不異空，空不異色，這不但是盛唐人的詩境，也是宋元人的畫境。」；「靜穆的觀照」、「飛躍的生命」構成了「禪」的心靈狀態，也是構成了藝術的兩元。禪是中國人接觸到佛教大乘教義後，體認到自己心靈深處的靈魂，而發揚的一種哲學境界和藝術境界。

中國哲學的趨向和頂峰不是宗教，而是美學。中國哲學思想的形成不是從認識到宗教，而是由它們到審美，達到審美式的人生態度和人生

13　高木森著《中國繪畫思想史》，三民書局，2004年，頁168。

境界。

意境在「品」
的審美過程中離不開
道，所謂「道之認
同」，即象、氣、道
的融合。「氣」是貫
通有形與無形，始終
而內涵豐富的範疇。

蘇東坡　瀟湘竹石圖　北宋

南齊謝赫的《古畫品錄》首重「氣韻生動」，唐朝張彥遠的《歷代名畫記》，認無氣韻之畫為「死畫」；明董其昌論畫家六法中說：「一氣韻生動、氣韻不可學、此生而知之、自有天授。然亦有學得處，讀萬卷書、行萬裡路、胸中脫去塵濁、自然丘壑內營，立成郛鄂，隨手寫出，皆力山水傳神」。若說形象是藝術的生命，靈魂則是道，藝境最深的層次。老子認為：「人法地，地法天，天法道，道法自然」；莊子說，「夫道，有情有信，無為無形，不傳而不可侵，可得而不可見」；乃先聖先賢對宇宙人生和諧發展的根本規律的最高體悟。道從悟而孕育，常稱為「妙悟」。由宗教的「頓悟」變成審美的「妙悟」，從而構成中國獨特的禪境意象。由這種禪境意象所流露出的「超絕之美」，也就是「逸格」與「平淡天真」，始終為中國藝術最高的嚮往。莊子承自老子道德經的思想脈絡，所謂：「通於天地者，德也；行於萬物者，道也。」[14]

張萱　搗練圖　趙佶摹本　唐　37×145.3cm

14　葉海煙著《老莊哲學新論》，文津出版社，1997年，頁187。

黃筌　寫生珍禽圖　五代　41.5×70cm　中國故宮藏

特徵

　　院體畫，簡稱院畫，是中國傳統繪畫的一種；狹義上是指中國古代皇室宮廷畫家作品，廣義上則包括宮廷繪畫在內，或受到宮廷繪畫影響以及傾向於中國古代宮廷繪畫傳統的畫風類別。

院體畫風格多以工整細膩寫實，重法度而形神兼備之作。院派畫家作畫大多為人而畫，不是為己而畫；為贊助者而畫，不是為了表現自己情操而作畫；而他們的贊助者便是帝王貴冑，較為拘謹保守，不易接受放蕩新奇的東西；宮廷裡的繁文縟節也使他們對形式和格法特別敏感。[15]

　　院體畫在各朝都有專屬的宮廷畫師，對中國美術發展有重要影響，在兩宋畫院制度最為完備，是歷史上畫院鼎盛的時代；出自院畫作品反映了最高統治者的審美標準，謂之院體畫。

　　唐代許多畫家是為宮廷創作，張萱、周昉是具有代表性畫家，所繪人物仕女畫多反映當時宮廷生活題材，張萱曾供職於「畫直」一職。如〈明皇幸蜀圖〉、〈簪花仕女圖〉、〈虢國夫人游春圖〉等，都是應宮廷需要而創作的傑出作品。

　　五代時期，「黃筌富貴，徐熙野逸」可以說是中國古代花鳥畫主要分流的兩種畫風；西蜀宮廷畫家黃筌以其細膩富貴的畫風成為這一時期

北宋　張擇端　清明上河圖局部

15　高木森著 《中國繪畫思想史》，三民書局，2004 年，頁174。

宮廷繪畫的代表。難得的是當時割據政權都能延續重視繪畫的發展，顧閎中即為南唐畫院待詔，其作品〈韓熙載夜宴圖〉是在中國美術史上，人物畫極為重要的代表作品。

宋朝建國即建立了翰林圖畫院，集西蜀南唐兩地的畫院畫家為宮廷及皇室貴族服務，院體畫逐漸走向成熟。畫院通過「以不仿前人，而物之情態形色俱若自然，筆韻高簡為工。」的考試標準錄用升遷，既要求嚴格和寫實技巧，摘取詩句為題，注重立意構思。宋徽宗趙佶對皇家宣和畫院的支援，使得院體畫於北宋後期達到最高峰。北宋畫院畫家有：張擇端、李唐、蘇漢臣、馬賁、王希孟、朱銳、劉益、富燮等。南宋重建畫院，巨匠名家齊聚宮廷，有馬遠、夏圭、李嵩、梁楷、李迪等高手，宮廷繪畫高潮再起。

元代時期異族統治，不設畫院，院體畫發展因而停滯。藝術在追求真、善、美的目標時，存在著很強的絕對主義，絕對的真、絕對的善、絕對的美。當然這些絕對仍是透過高級知識份子和統治階級的理想主義獲得的，所以她本身便有很大的侷限性，嚴格說來，那是過分精勤、克制修飾的真、善和美。[16]

元代不設畫院，文人畫發展，從宋入元，起了一次重要的變革，產生變革的兩大主因：一、自北宋蘇軾文人畫發展趨勢所致。二、工具材料的變化；紙張逐步取代絹素，筆墨技巧的不同要求改變了宋人作畫的固定程式。趙孟頫、錢選、高克恭等人是這次變革的先行者，後世稱「元季四大家」的黃公望、吳鎮、倪瓚、王蒙等人在趙孟頫的影響下，充分發揮了筆墨在繪畫中的作用，完成這次變革；中國山水畫發展至宋代已達高峰，元代文人畫家卻能另闢蹊徑，從而形成了中國繪畫史上宋畫之後的第二個高峰。同時使詩、書、畫巧妙融為一體，使繪畫向更高的文學內涵發展，創一代新風，形成了以「文人畫」為主流的山水畫派。

明朝時期，雖沒畫院，但有宮廷畫家，朝廷逐漸恢復宮廷繪畫，

---

16 高木森著《中國繪畫思想史》，三民書局，2004年，頁182。

院體畫又得到發展。明代多取法宋朝院畫，此時期畫家主要以戴進、吳偉、林良最受推崇，林良是明代花鳥院體畫的代表，另有邊景昭、孫隆、呂紀等名家。

清朝設有宮廷畫院如意館，文人畫興盛宮廷繪畫深受影響，缺乏創意。西風東進，供職於皇室以郎世寧為代表的西方傳教士畫家，對中國畫嘗試性地在透視與寫實技法探索。

宋徽宗時期建立了翰林圖畫院，重視畫家綜合素質的培養和提升，養成了甚多傑出畫家。提倡「詩中有畫，畫中有詩」的意境，重取捨，畫面精準細膩、幽雅含蓄、富詩情；以形寫神、講究虛實、重立意，留白以增畫意的藝術特點；宋代院體畫有了詩意的注入，使繪畫作品有了靈魂，充滿生命力，耐人尋味。宋代院體畫是中國古代繪畫史上的繁榮時期，為中國藝術留下寶貴的文化遺產功不可沒，對中國藝術文化作出了巨大的貢獻。

〈一〉題材選擇

題材就是藝術的內容；內容是決定作品價值的重要因素。內容可分為自然界、人生界的、超現實的三大類： 一、自然界可作為藝術內容的，範圍很廣，大體上可分為動物、植物、礦物、風景、天象等。二：人生界可作為藝術內容的，約可分為人體與人生兩類。三： 以超現實事務作為藝術內容，超現實的事物，非實際上所有，而是想像中出來的。[17]

中國唐代已設待詔、供奉等畫家職；五代時，西蜀、南唐設置畫院；宋代設翰林圖畫院，招收優秀畫家為皇室宮廷服務。歷代書院裡所畫的山水、花鳥、人物等，有較強的裝飾性；要求用筆設色工整細緻，富麗堂皇，構圖嚴謹，色彩燦爛，稱之為院體畫。宋代院畫「高潔為工」的鮮明風格特徵，留給後代的傳統繪畫有良好的影響；院畫也有其局限性，魯迅說：「宋的院畫，姜靡柔媚之處當舍，周密不苟之處是可取的。」（《且介亭雜文，論「舊形式的採用」》）。

---

17 凌嵩郎著《藝術概論》國立空中大學，1996年，頁74。

郎世甯　百駿圖　清

　　「黃家富貴，徐熙野逸」，徐、黃二體是指徐熙和黃筌的兩種不同
繪畫風格，黃家代表西蜀宮廷畫院工整華麗的一派，徐家代表江南院外
瀟灑清逸的一派，正如郭若虛在《圖畫見聞志》中評論的「二者猶春蘭
秋菊，各擅重名。」，論繪畫風格，並無高低之分。

　　黃筌世代為宮廷畫家，在唐代繪畫傳統的環境下，長期接受宮廷陶
冶訓練，得以廣泛學習，兼容並蓄；得天獨厚，「多寫禁禦所有珍禽瑞
鳥，奇花怪石」；「翎毛骨氣尚豐滿，而天水分色。」；所作題材能契
合裝飾美化宮廷生活的思想意趣，因之取得皇家的賞識和恩寵；其體式
風格則成為宋初圖畫院優劣取捨的品評標準。

　　徐熙不在宮廷畫院，放蕩不羈，所接觸皆「多狀江湖所有雜花野
竹，水鳥淵魚」，鳥禽瘦弱輕飄秀逸，而天水一色，宮廷不甚采鑒；風
格不受宋封建統治者的歡迎；郭若虛觀其藝術風格中肯指出：「大抵江
南之藝，骨氣多不及蜀人，而瀟灑過之也」。徐熙後裔為迎合統治者轉

趙孟頫　鵲華秋色圖　元

而學習黃體，變「野逸」到「率皆富貴圖繪」，在所創「沒骨」畫法為畫院評為上品乃受肯定；在院內外不同流派的交流和相互學習，為宋初「院體畫」的興盛創造了正面健康的條件與發展。

〈二〉以形寫神

形似是基礎，神是形似的昇華。藝術創作如果停留在形似，還只是模仿，只有藝術達到神似，才能表現為創造。漢代畫論中云：「謹毛而失貌」提出了繪畫中細部與整體的關聯；到了東晉顧愷之明確提出「以形寫神」通過外在感性特徵去表現內在精神。[18]

宋 袁文〈論形神〉：「作畫形易而神難。形者其形體也，神者其神采也。」[19]承先啟後，繼往開來的宋代花鳥畫是中國繪畫輝煌的時代；北宋帝王皆熱衷於繪畫，設置翰林圖畫院，善待宮廷畫家。宋 郭若虛〈論黃徐體異〉諺云：「黃家富貴，徐熙野逸。」不惟各言其志，蓋逸耳目所習，得之於手而應於心也。[20]黃居寀承父黃筌畫風，使「黃家富貴」工筆重彩花鳥畫成了畫院的標準格式。徐崇嗣沿襲祖父徐熙輕淡野逸之風，著稱於畫院外，後創了「沒骨法」。「黃家富貴」畫風影響北宋前期長達100多年，畫家以仿效黃體為能事，作品趨於庸俗缺乏新意，致使花鳥畫發展停滯。終有畫家掙脫黃體的束縛，深入生活寫生，使花鳥畫的再一次繁榮；代表畫家有趙昌、易元吉、崔白以及宋徽

---

18 楊辛 甘霖著《美學原理新編》，北京大學出版社，1996年，頁145。

19 俞崑著《中國畫論類編》華正書局有限公司，1984年，頁70。

20 俞崑著《中國畫論類編》華正書局有限公司，1984年，頁1023。

宗等。趙昌善於觀察自然創新表現技巧，其畫「俱得形似」自成一家；蘇東坡評為：「趙昌花傳神」，趙昌在宋代畫壇深具影響。

宋徽宗在宋代繪畫居功厥偉，在花鳥畫藝術頗具造詣；設宮廷畫院，網羅優秀的繪畫人才培養宮廷畫家，全力發展院體畫。對於繪畫藝術的要求嚴謹：一是追求生活的真實性；二是追求詩意的含蓄性。要求寫生體驗，以古人的詩詞為題提升作品悠遠意境；院體畫在此時成績輝煌。

崔白專注寫生，超越陳規，在繼承徐黃二體的基礎上另創清雅秀麗獨特新風格，使畫院中沿襲了近百年的「黃家」一派的獨佔格局成為歷史。宋院體畫在技法與審美取向都和當時文人相互融合，充分發揚了以形寫神的藝術特點。唐張彥遠《歷代名畫記》云：「若氣韻不周，空陳形似，筆力未猶，空善賦色，謂非妙也。」說明形似不等於神似，而是經過提煉使外在和內在的真實統一起來，達到形神兼備。張彥遠說「以氣韻求其畫，則形似在其間也。」這裡的「氣韻」就是神似。[21]

〈三〉技法佈局

藝術品是一個有機的整體，其全體和部分自是息息相關，各部分的大小和位置也需有內在的必然性，在安排的恰當時，便會發生添一分則多，減一分則嫌少，移動一部分則失其和諧的情形。這特性的把握是要藝術家執行的，事故藝術家運用熟練的技巧，去處理特定的題材，將此題材做適當的安排或加工，變動其原有的樣子，產生一種新的組合，可給欣賞者以美的感受。[22]

中國古代花鳥畫的發展，文質迭尚而異曲同工；時代推移上下千載，淵源流長成就卓著；承前啟後，能代表一個時期的畫學主流經歷了多次重大的變革；中唐邊鸞寫生為一變；五代「徐黃異體」又一變；兩宋崔白、吳元瑜、趙佶、李迪的畫院花鳥又一變；元代趙子、錢選、王淵、張中的墨花墨禽又一變；明清白陽、青藤、八大、揚州八怪的水墨大寫意又一變。

---

21 楊辛 甘霖著《美學原理新編》，北京大學出版社，1996年，頁147。

22 凌嵩郎著《藝術概論》國立空中大學，1996年，頁84。

宋以前三變，蓋不出工筆寫實範疇；明清一變，主要重點是向大筆寫意的潮流轉變，審美情感的主要內容成為筆墨。元代介於宋與明清之間，墨花墨禽此時大放異彩，從工筆到寫意，從設色到水墨，從寫境到造境，開啟從畫工畫到文人畫過度橋樑的重要作用。它蘊含了更鮮明的主觀思想情趣；在寫實中寫意，追求筆墨形、神、意整體含蓄內涵的藝術形象；開拓了花鳥畫往更為寬廣的新境發展。

〈四〉形式風格

南朝 梁元帝〈山水松石格〉云：「或格高而思逸，信筆妙而墨精」，藝術格調的高下決定於人格的高下，所謂「風格即人」。藝術家的氣質不一，其在作品的內容和形式的各種因素中就會表現出與眾不同的藝術特色。[23]

「院體」有不同的風格，宋代由翰林書畫院的宮廷畫家所創立的典型風格，如北宋徽宗時期的工整精細畫風，就稱為「宣和體」；南宋李唐、劉松年、馬遠、夏圭簡勁雄健的山水，被稱為南宋「院體」。明代由宮廷畫家所創造的主體畫風，也被沿用稱之為明代「院體」。「院體畫」在繪畫的創作實踐和理論探討中，都有突出的特點和成就，他構成了中國繪畫史上重要的部分。

清康熙皇帝欣賞西洋的寫實技能，郎世寧憑藉嚴謹寫實的繪畫特色，確立了他在宮廷畫師中的地位。康熙乾隆時代是清朝繪畫史中最精彩璀璨的，院體畫寫實嚴謹的現代精神，郎世寧中西合璧的宮廷繪畫傳世之作，被康有為等人大加讚賞。於今視之，院體畫為平民帶來了精神慰藉和著心靈審美的喜悅，充分扮演著藝術的社會功能。

論院體山水畫形式風格： 山水畫簡稱「山水」；描寫山川自然景色為主體的繪畫；傳統有水墨、青綠、金碧、沒骨、淺絳、淡彩等形式，中國畫的一種。山水畫在魏晉南北朝已發展，但居多仍作為人物畫背景；及至隋唐始獨立，如設色山水，隋展子虔；金碧山水，唐李思訓；水墨山水，唐王維；潑墨山水，王洽；青綠山水南宋趙伯駒、趙伯

---

23 陳傳習 著《六朝畫論研究》，台灣學生書局，1990年，頁299。

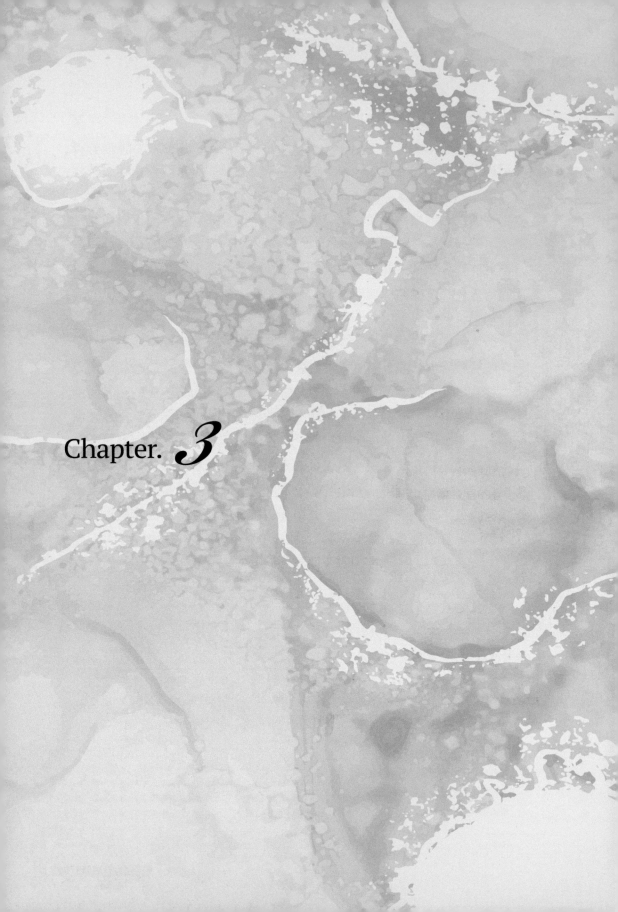

Chapter. *3*

時代的變遷
—探析文人畫理論的形成與轉變，以宋元明為例

鄭佳耀

前言

　　傳統文人畫品評有詩、書、畫三絕之說，往後發展至連刻印也列入這個要素之中，即詩、書、畫、印四絕，爾後這四個要素成了品評文人畫重要的門檻。中國藝術大都以文人之藝術思想為依歸，講求「文人性質」的創作精神。從文獻記載來看，文人藝術思想的出現可追溯至南朝顏廷之，而宋代更反映出一種新的繪畫表現形式及創作觀，但尚未從風格上進行定義，直到明末董其昌（1555-1636）及其友人們依身份、風格來明確建立起文人畫的理論和傳統，雖在分類上略有缺失，但此理論大大的提升了文人畫家的歷史地位。除了見證文人如何掌握話語權並成為文化仲裁者外，亦可看出文人畫理論如何因應時代的變化而改變。

詩畫一律，院畫與士人畫審美的異同

　　宋代為中國歷史上最重視文化藝術發展的朝代，在主政者宋徽宗的推波助瀾，藝術的發展達到了顛峰。且在重文輕武的政策下，文風鼎盛，培養了不少博學之才，也漸漸地影響繪畫的發展。對於「詩意」的呈現成了當代的美學特色，不論院畫家或是文人畫家皆奉為圭臬，差別在於兩者對於「形似」追求的不同。

　　畫院的成立是宋代最大的特色，雖說畫院制度自周朝已經具備，唐代已有吳道子為玄宗的御用畫家，並設有官職，五代、南唐及西蜀亦設有畫院。但宋代的畫院是由藝術家帝王宋徽宗趙佶所帶領，將畫家分為「待詔、祗侯、藝學、畫學正、學生、供奉」六種職位，[1]完備了畫院

1　蘇心一著，《文人畫今昔－從許海欽談起》（臺北：文史哲出版社，2007年），頁111。

的制度，盛況空前。當時的院畫家特別注重寫生，講究觀察自然，用筆設色艷麗且細緻工整，並將「詩意」融入繪畫的內涵與意境。

宋代對「寫生」、「詩意」的強調可分別從宋徽宗的寫生觀以及選拔畫院畫家所擬定的考題而知。鄧椿於《畫繼雜說》記有徽宗評畫趣事：

徽宗建龍德宮成，命待詔圖畫宮中屏壁，皆極一時之選。上來幸，一無所稱，獨顧壺中殿前柱廊栱眼斜枝月季花。問畫者為誰，實少年新進，上喜賜緋，褒錫甚寵。皆莫測其故，近侍嘗請於上，上曰：「月季鮮有能畫者，蓋四時、朝暮、花、蕊、葉皆不同。此作春時日中者，無毫髮差，故厚賞之。」[2]

當時龍德宮落成，趙佶命院畫工繪製殿壁，並評選佳作。完成後徽宗惟對柱廊眼處的一幅月季傾心，眾畫工不解，徽宗便解釋：「月季花變化頻繁，四時、朝暮、花蕊和枝葉不盡相同。此人觀察入微，眼力非凡，所畫月季是春天正午的月季，絲毫沒有落差，故重賞之。」另一則趣事為「孔雀升蹲當是先抬左腳」，由此可見徽宗對於事物觀察之細微。

關於「詩意」的強調另可見於徽宗在鄰選宮廷畫家時所擬定的應試考題：「踏花歸去馬蹄香」，畫家們大都描繪騎馬踏春的景象，惟有一位畫家別出心裁，表現的是較為抽象的氣味「香」，蝴蝶環繞在馬蹄印的周圍，不禁讓人想到是因為馬蹄踏花所泛起的香味。相同的例子還有「竹鎖橋邊賣酒家」、「深山藏古寺」、「野渡無人舟自橫」等，[3]由此可知宋代畫院所追求的已不僅是外在形似的描摹，更需體察詩意來增加畫作的內涵與意境。

文人對於作畫的態度則是認為，身為創作者若僅僅是個畫家，充其量只是個畫匠而已，更該是個富有文學底蘊的學者或是詩人，且應著重於寫畫外之意，此亦為士人畫的創作觀。蘇軾（1037-1101）為宋代著名

2　鄧椿著，《畫繼》，卷十，中國哲學書電子化計劃。取自https://ctext.org/library.pl?if=gb&file=103972&page=203#%E6%9C%88%E5%AD%A3　2021年5月24日瀏覽。

3　《踏花歸去馬蹄香-宋徽宗畫院故事》，大紀元。取自https://www.epochtimes.com.tw/n237966/2021年5月24日瀏覽。

的文學家，不論在散文、詩詞、書法等方面皆有偉大得成就。他也在詞翰之餘作畫，雖畫作不多，藝亦不精，但其繪畫美學思想卻對後世造成廣大的影響力。蘇軾率先提出「士人畫」的概念，於〈又跋漢傑畫山〉提到：

> 觀士人畫如閱天下馬，取其意氣所到。乃若畫工，往往只取鞭策皮毛，槽櫪芻秣，無一點俊發，看數尺便倦，漢傑，真士人畫也。[4]

蘇軾於此跋明確的區分士人畫與畫工的差別，士人畫較著重「意氣」而畫工則取「皮毛」。這種只寫其生氣，注重神態的傳達，在蘇東坡〈書鄢陵王主簿所畫折枝二首〉之一，將此觀點表露無遺：

> 論畫以形似，見與兒童鄰。賦詩必此詩，定非知詩人。詩畫本一律，天工與清新。邊鸞雀寫生，趙昌花傳神。何如此兩幅，疏澹含精勻。誰言一點紅，解寄無邊春。[5]

由此首詩可看出蘇東坡對於繪畫的兩個觀點，其一：他認為倘若以外在的形似來論畫，這種觀點與孩童有什麼差別呢？認為士人畫要清新脫俗，淡雅中仍不失精勻，雖王主簿所畫的折枝僅有「一點紅」，卻富涵無盡的春意。這種繪畫觀逐漸遠離寫實的風格，轉而與古典文學以及書法筆意相結合，成為創作者個人的生活體驗及情感表現的媒介。其二，文中提到「詩畫本一律」，此觀點與歐陽修「不若見詩如見畫」相仿。[6]蘇軾另於〈書摩詰藍田煙雨圖〉提及：「味摩詰之詩，詩中有畫。觀摩詰之畫，畫中有詩。」[7]認為王維「詩中有畫，畫中有詩」，將詩文與繪畫相結合，反映了當時流行的說法「詩是無形畫，畫是有形詩」，將繪畫提高了一個檔次。亦可知宋代的文人畫家在畫中也追求詩中的境界，將感受融於情性並加以描繪，即「畫外之意」。

在藝術創造的過程中，蘇軾有更為客觀的觀點，即「常形」和「常

4　陳傳席著，《中國繪畫理論史》（臺北：三民書局股份有限公司，2014年），頁107。

5　蘇軾，〈書鄢陵王主簿所畫折枝二首〉，中華古詩文古書籍網。取自https：//www.arteducation.com.tw/shiwenv_16e8eb61cf36.html，2021年5月29日瀏覽。

6　歐陽修《歐陽文忠公文集》，〈鑒畫〉，中國哲學書電子化計劃。取自https：//ctext.org/library.pl?if=gb&file=78271&page=18，2021年5月27日瀏覽。

7　蘇心一著，《文人畫今昔－從許海欽談起》（臺北：文史哲出版社，2007年），頁118。

理」，他在〈淨因院畫記〉提及：

余嘗論畫，以為人禽、宮室、器用、皆有常形。至於山石竹木，水
波煙雲，雖無常形，而有常理。常形之失，人皆知之。常理之不當，雖
曉畫者有不知。故凡可以欺世而取名者，必托於無常形者也。雖然，常
形之失，止於所失，而不能病其全，若常理之不當，則舉廢之矣。以其
形之無常，是以其理不可不謹也。世之工人，或能曲盡其形，而至於其
理，非高人逸才不能辨。與可之於竹石枯木，真可謂得其理者矣。[8]

蘇軾將萬物區分為「常形」和「常理」，有常形的事物如果畫的不
像，眾人一看便知，至於山石竹林和水波煙雲則沒有常形，其形態會因
時間而產生變化。所謂「常理」即事物變化的因素，創作者必須透過觀
察其物理規律，掌握變因，洞悉其中的差異，來探究事物的本質。如此
才能將其與自我的情感相融合，創作就能得之於手而應於心。如同與可
畫竹「成竹在胸」、「身與竹化」，[9]寫胸中之竹，而非僅僅描摹竹子
的形似，是寄情寓意且得之於象外。

晁補之（1053-1110），為宋代文學家，能自畫自題，亦是蘇門四
學士之一，自然也承襲了蘇軾的觀點，他提出「遺物以觀物」、「畫寫
物外形」兩個觀點。世上萬物皆有形與神，物的外形是為第一自然，神
和本質為物的第二自然。晁補之認為應遺物的第一自然而觀物的第二自
然，能觀物的第一自然者，未必能察物的第二自然；能察物的第二自然
必能遺忘物的第一自然，即「得意而忘形」。

晁補之在〈跋李遵易畫魚圖〉文中提到：「魚之醜以千百數，且一
物而極巨細之形者惟魚。天池之鯤，其大不知其幾千里，毫素之窘不能
追也……」[10]此段話不難看出是受莊子〈逍遙遊〉的影響，莊子為美學
大家，並以〈魚樂〉一文來闡述「主客觀」的問題：

8　蘇軾，《東坡全集》，〈淨因院畫記〉，中國哲學書電子化計劃。取自https://ctext.org/library.
　pl?if=gb&file=3927&page=142，2021年5月30日瀏覽。

9　徐復觀著，《中國藝術精神》（臺北：學生書局有限公司，2013年），頁370。

10　晁補之，《雞肋集》，卷三十三，〈跋李遵易畫魚圖〉，中國哲學書電子化計劃。取自https://ctext.org/
　wiki.pl?if=gb&chapter=767684#p33，2021年6月1日瀏覽。

莊子與惠子游於濠梁之上。莊子曰：「儵魚出游從容，是魚之樂也。」惠子曰：「子非魚，安知魚之樂？」莊子曰：「子非我，安知我不知魚之樂？」惠子曰「我非子，固不知子矣；子固非魚也，子之不知魚之樂，全矣！」莊子曰：「請循其本。子曰『汝安知魚樂』云者，既已知吾知之而問我。我知之濠上也。」[11]

莊子透過「主觀」、「客觀」來對創作者、觀者與對象物進行分析，「主觀」代表著創作者的自我意識，「客觀」則是對於對象物外在形似的觀察或描寫，最終兩者統一達到「主客合一」的境界，此即為創作者要帶給「觀者」的觀點。筆者認為晁補之肯定也探究過〈魚樂〉一文，其「遺物以觀物」、「畫寫物外形」的論點與莊子類似，尤「畫寫物外形」，後面還有一句為「要物形不改」，[12] 可見晁對於「形」的基本要求還是注重的，由此可知，兩人皆是透過對於外在形似的了解後再去追求的事物本質和神韻，以達到「物我合一」的境界。

米芾（1051-1107），字元章，為宋代一位重要的書畫、理論家。在畫史上它創造了「米點皴」構成的「米氏雲山」，書史上也留下了〈蜀素帖〉等作品，理論方面除了與眾人合編《宣和畫譜》外，亦留下《畫史》、《書史》二本巨作。擅畫且擅書的米元章有一套自己的審美標準，由他評論董源的畫作時可得知他主張「平淡天真」、「不裝巧趣」、「意趣高古」，[13] 他認為作畫應適興而為，自適其至，隨興而作更具意趣，不失為一種文人墨戲的表現，此一論點對後世文人畫影響甚遠。

「詩畫一律」為宋代流行的美學，不論院畫或是文人畫皆依此來創作，差別在於院畫家主要是體察詩意，描繪詩境；而文人畫家則是創造詩意與畫境。另外列舉了較重要的幾位書畫家來闡述「院畫」到「士人畫」的發展過程，亦可知「文人畫」一詞在宋代尚未出現，但已確立幾

11　《莊子‧秋水篇》，〈魚樂〉，，中國哲學書電子化計劃。取自https：//ctext.org/text.pl?node=2828&if=gb&show=meta，2021年6月1日瀏覽。

12　晁補之，《雞肋集》，卷八，〈和蘇翰林題李甲畫雁詩〉，中國哲學書電子化計劃。取自https：//ctext.org/wiki.pl?if=gb&chapter=154644#p6，2021年6月1日瀏覽。

13　陳傳席著，《中國繪畫理論史》（臺北：三民書局股份有限公司，2014年），頁118。

個主要的觀念：「淡泊趣遠」、「詩畫一律」、「遺物觀物」、「平淡天真」、「不裝巧趣」等。強調作畫的本質應超越形似，追求比形似更高的意境，即抒發個人情感，相較於院畫的「寫真」精神，士人畫更重視的是適「興」而為。多數學者皆特別強調宋代「尚意」的精神，然而宋代這些士人畫家對於形體的掌控真的能夠全盤拋棄，轉而追求這種形而上的精神，應不盡然。上述所提的幾位士人畫家觀其作品大都也未完全跳脫對於物體外在的描繪，仍然可以看得出實物的形體，只是創作意念的改變而已。

書畫同源的書法性線條及運用

　　與宋代不同的是，元代知名的文人畫家大都選擇隱居而非在朝廷為官。因蒙古執政，九儒十丐與歧視性的科舉制度大大的打擊了文人的生存之道，導致文人紛紛轉向追求隱居的生活，寄情於山水畫。此時，文人畫成為主導藝術的流派，對於文人而言，繪畫貌似成了比詩歌更能展現失意文人的胸中之氣，山水畫也順勢成了寄情的媒介。在元代，最重要的文人畫論發展莫過於趙孟頫「書畫同源」以及倪瓚「逸氣說」，兩者成了文人畫理論發展與實踐重要的里程碑。

　　趙孟頫（1254-1322），字子昂，號松雪道人，浙江吳興人，原為宋代貴族，後來入元為官，是個精通山水、人物、走獸和書法的書畫家。趙孟頫主張「復古」，認為作畫應著重「古意」：

　　作畫貴有古意，若無古意，雖工無益。今人但知用筆纖細，傳色濃艷，便自謂能手，殊不知古意既虧，百病橫生，豈可觀也？吾所作畫，似乎簡率，然識者知其近古，故以為佳。[14]

　　可看出趙孟頫對於作品的審美標準是「高古」的，是「典雅」的，不喜濃色豔抹，講求「簡率」之美。此觀點是繼承米芾的，他推崇董源的山水畫，認為其「平淡天真」、「意趣高古」，呈現出一種簡淡的自然美。由上可知趙孟頫致力於整合過去的傳統，不僅如此，他於〈秀石

14　卜壽珊著，皮佳佳譯，《心畫-中國文人畫五百年》（北京：北京大學出版社，2018年），頁181。

疏林〉圖中的題跋，更作出了跨時代的詮釋：

石如飛白木如籀，寫竹還須八法通。 若也有人能會此，須知書畫
本來同。[15]

此番論點明確的闡述了「書畫同源」繪畫與書法之間得相通性，將
書法性的線條帶入筆墨之中，趙孟頫更將其理論完美的實踐在〈鵲華秋
色〉一圖中。書法性的用筆是中國畫獨特的表現形式，兩者相輔相成，
筆墨不僅是一種結構和形式美，更是文人用以展現主觀精神的媒介。另
一層涵義則為透過筆墨的韻味來展現創作者的學識、品格及感情思想，
因此動人的作品皆能反映出創作者的品性和修為。此觀點使得文人畫家
更加有意識地去追求筆墨的情趣，進而豐富和發展了山水畫的表現方
法，創造了個人風格的多樣化。

黃公望（1269-1354）、吳鎮（1280-1354）、倪瓚（1301-1374）、
王蒙（1308-1385）並稱元四大家，他們所使用的「披麻皴」、「折帶
皴」、「牛毛皴」等筆法皆是由書法性線條轉化出來的，且帶有個人風
格特色。對這時的文人畫家來說，風格化的創作主題遠已脫離自然的原
型，他們並不致力於再現自然，而是運用筆墨來揮灑內心的世界。

倪雲林的「逸筆」與「逸氣說」

倪瓚，字元鎮，號雲林，江蘇無錫人。為元代山水畫家之一，用色
簡淡。其逸筆和逸氣理論在當時很有影響力，被視為元代文人畫思潮的
一種反應，也最能展現文人畫論的精神。於《清閟閣全集》，〈答張藻
仲書〉一文中曾云：

今日出城外閑靜處，始得讀剡源事蹟。圖寫景物、曲折能盡狀其妙
處，蓋我則不能之。若草草點染，遺其驪黃牝牡之形色，則又非所以為
圖之意。僕之所謂畫者，不過逸筆草草，不求形似，聊以自娛耳。[16]

方聞和李鑄晉皆認為倪瓚所表達「逸筆草草，不求形似」的論述只

---

15 葛路著，《中國古代繪畫理論發展史》（台北：丹青圖書有限公司，1987年），頁149。

16 倪瓚著，《清閟閣全集》，卷十，〈答張藻仲書〉，中國哲學書電子化計劃。取自 https://ctext.org/wiki.
pl?if=gb&chapter=98555#p26，2021年6月12日瀏覽。

出現在元末，且代表了文人畫迄今為止最高妙的觀點，超越了上文蘇軾「論畫以形似，見與孩童鄰」對於形似的觀點。[17]從另一則〈跋畫竹〉一文中提及：

以中每愛余畫竹，余之竹聊以寫胸中逸氣耳。豈復較其似與非，葉之繁與疏，枝之斜與直哉？或塗抹久之，它人視以為麻為蘆，僕亦不能強辨為竹。真沒奈覽者何，但不知以中視為何物耳。[18]

於此，倪瓚直接點出作畫是為寫「胸中逸氣」，對於似與不似，枝葉的茂密與稀疏，枝幹是斜的或是直的，甚至旁人將其畫的竹以為是麻是蘆，並不那麼計較。但並非完全拋棄形似，從倪瓚留下的畫作〈容膝齋圖〉中仍可看出景物應有的型態，只是杳無人煙，彷彿這個世道不適合生存一樣。整體而論，「逸筆」是倪瓚筆墨形式的表現，「逸氣」則是他思想感情的展現。明代的李日華於《竹嬾論畫》中亦曾云：「無逸氣而襲其迹，終成類狗耳。」[19]將倪瓚的逸筆與他的情思聯繫起來，不無道理。

商業城市與文化的連結

一三六八年，朱元璋（1328-1398）建立了明王朝，改國號為「大明」，文人陸續出仕為官。但朱元璋後來廢除宰相制度及中書省，集中皇權，施行文字獄，導致文人卻步於朝堂，紛紛辭官隱居。另一方面，明代的科舉制度平均每年的進士及第之人數只有宋朝的一半，許多飽學詩書之士耗費生命參加高度模式化的考試，仍沒有機會獲得官方的認可得到一官半職，且多集中在江蘇一帶。由於明代統治的第一個世紀似乎處於文化斷層，因許多文人志士因朱元璋的恐怖統治而喪命，直到明中葉的沈周（1427-1509）和文徵明（1470-1559）的出現，整個藝術文化才有明確的變化。[20]

---

17 卜壽珊著，皮佳佳譯，《心畫-中國文人畫五百年》（北京：北京大學出版社，2018年），頁198。
18 倪瓚著，《清閟閣全集》，卷九，〈跋畫竹〉，中國哲學書電子化計劃。取自https://ctext.org/library.pl?if=gb&file=72376&page=117，2021年6月12日瀏覽。
19 葛路著，《中國古代繪畫理論發展史》（台北：丹青圖書有限公司，1987年），頁159。
20 參閱卜壽珊著，皮佳佳譯，《心畫-中國文人畫五百年》（北京：北京大學出版社，2018年），頁217。

沈周與文徵明分別為吳門畫派創始者與發揚者，同時還有以院畫家戴進為首的浙派，兩者為明代重要的流派，最終文人風格取得了主導的地位，風行全國。而此時的文人風格則是融合了市場需求的畫風，對於追求「簡淡」的風格已非當時代所需要的，尤其在沈、文的影響下，文人畫變得更加專業。

　　明代城市經濟的崛起促成了藝術市場的買賣，明四家沈周、文徵明、唐寅（1470-1524）、仇英（1494-1552）皆都有鬻畫的紀錄，以維持生計。沈周與文徵明因一畫難求，甚至替自己的假畫落款。柯律格於《雅債－文徵明的社交藝術》中也提到：

　　我們對於文徵明最重要的代筆人物（除了文徵明二子外）所知亦甚，這個人便是朱朗。[21]

　　另有趣事一則「我畫真衡山，聊當假子朗，可乎？」[22]可見當時的偽畫代筆的情況相當嚴重，亦可知商人階層渴望文人的品位，並成為他們的贊助者。由此可證，文人、市民與世俗三者緊密的結合，彼此互相碰撞與影響，也促使文人大量的介入世俗文化的生產行列。鄭文曾提及：

　　吳門畫家對繪畫史的貢獻，不是在繪畫本體化演進的推動上，而是落實在文人畫的普及與流通上，將文人畫從金字塔的頂端向其基座普及。[23]

　　他也認為「吳門畫派是中國繪畫史上最早一個與商品經濟結合的如此緊密，並與商品經濟發展相適應的畫派。」[24]然而，此點卻背離文人畫最初不以利益為導向的「淡泊」精神：「君子不能為了盈利而作畫」，但後世仍將明四家歸屬在文人畫家的行列，可見文人畫的理論與發展是隨著時代變遷而有所調整的。

21　柯律格，《雅債－文徵明的社交藝術》（臺北：石頭出版社，2009年9月），頁209。
22　從書畫作偽史到「蘇州造」，壹讀，取自https://read01.com/zh-tw/moRLJN.html#.YXj4TFVBzlU，2021年10月27日瀏覽。
23　鄭文著，《江南世風的轉變與吳門繪畫的崛興》（上海：上海文化，2007），頁107。
24　再引鄭文著，《江南世風的轉變與吳門繪畫的崛興》，頁230。

南北宗論與風格意識

明中葉以後，畫論的發展十分活躍，董其昌（1555-1636）更是這時代的佼佼者。董其昌，自玄宰，松江府華亭籍上海縣人。為傑出的書畫家、理論家、收藏家及鑑賞家，其書畫理論在中國的藝術史上有著舉足輕重的地位。他的畫論吸收了儒、釋、道及理學和心學的影響，呈現多元融合的特點，尤其是在禪宗思想的薰陶下，以禪喻畫，提出了「文人畫」一詞與「南北宗」的理論。

一五九〇年，董其昌在京擔任皇子講官，與公安派的袁宗道（1560-1600）、袁宏道（1568-1610）、袁中道（1570-1624）三袁兄弟，因都對禪宗抱有共同的興趣，且皆傾服於李贄。李贄（1527-1602）是激進的個人主義的儒學家和來經受戒的禪僧，提倡童心以存真，主張回復到未受道理聞見侵入的質樸原初狀態，即去除一切干擾童心的障礙，使真心「完全呈露」。[25]一五九八年初，董其昌在京郊廟中邂逅李贄，兩人一見如故成為莫逆。

在李贄「童心說」及禪宗思想的影響下，董其昌以復古為口號，強調直覺來反對晚明繪畫的陳規陋習。以禪宗「南頓北漸」取喻，將山水畫分為南北兩宗，南宗為文人畫家，用筆輕柔自然，一超直入如來地；北宗為職業畫家，筆墨快猛激烈。

文人之畫，自王右丞始，其後董源、巨然、李成、范寬為嫡子。李龍眠、王晉卿、米南宮及虎兒，皆從董、巨得來。直至元四大家黃子久、王叔明、倪元鎮、吳仲圭、皆其正傳。吾朝文、沈，則又遠接衣缽。若馬夏及李唐、劉松年，又是大李將軍之派，非吾曹當學也。

禪家有南北二宗，唐時始分。畫之南北二宗，亦唐時分也；但其人非南北耳。北宗則李思訓父子著色山水，流傳而為宋之趙幹、趙伯駒、伯驌，以至馬（遠）、夏（圭）輩。南宗則王摩詰（維）始用渲淡，一變鉤斫之法。其傳為張璪、荊（浩）、關（仝）、董（源）、巨（然）、郭忠恕（熙）、米家父子（米芾和米友仁），以至元之四

25　參閱方聞，〈董其昌和藝術的復興〉，載於朵雲主編《董其昌研究文集》，（上海：上海書畫，1988），頁433。

大家（黃公望、王蒙、倪瓚、吳鎮）。亦如六祖之後，有馬駒（馬祖道一）、雲門、臨濟兒孫之盛，而北宗微矣。要之，摩詰所謂：『雲峰石跡，迴出天機；筆意縱橫，參乎造化』者。東坡贊吳道子、王維壁畫，亦云：『吾於維也無間然！』知言哉。[26]

　　董其昌於《畫禪室隨筆》正式提出「文人畫」一詞，並直接舉出禪家有南北二宗，畫亦有南北二宗之說，正式將山水畫分為南北宗二宗。南宗以王維為主，張璪、荊浩、關仝、董源、巨然、郭熙、米家父子，以至元四家。北宗則以李思訓、李昭道父子為首的著色山水，以至趙幹、趙伯駒、伯驌，馬遠、夏圭輩。南宗筆意縱橫，參乎造化，迴出天機，北宗則逐漸式微矣。

　　學者卜壽珊將南北宗論從三個面向來分析。第一，這是一個初步的美術史，致力於整合不同時期風格的承續性。第二，此理論可看成協助某個特殊藝術家群體的宣言，目的是為了將他們整合在一起。第三，反映了某個特定類型畫家的藝術史和宣言，並將風格和地位共同參與進來，將藝術家分成特定的類型。[27]筆者認為這番論點是有道理的，董其昌提出的南北宗論將自古以來的創作者從創作的風格上一分為二，並獨尊文人畫家而貶低職業畫家。另一方面董其昌可能想藉由在歷史中尋求一種理想的文人傳統來為他的藝術地位站台，並作為一種菁英階層的宣言，因為南北宗論是標準的崇南貶北。

　　關於「南北宗」的論述除了董其昌以外，其好友陳繼儒在《白石樵真稿》中也提及：「寫畫分南北派，南派以王右丞為宗，……所謂士夫畫也；北派以大李將軍為宗……所謂畫苑畫也，大約出入營丘。文則南，硬則北，不在形似，以筆墨求之。」[28]另在《偃曝餘談》中亦說到；

　　山水畫自唐始變古法，蓋有兩宗，李思訓、王維是也。李之傳為宋趙伯駒、伯驌，以及李唐、郭熙、馬遠、夏圭，皆李派。王之傳為荊

---

26 董其昌，《畫禪室隨筆》，中國哲學書電子化計劃。取自https://ctext.org/library.pl?if=gb&file=210056&page=55，2021年6月14日瀏覽。

27 參閱卜壽珊著，皮佳佳譯，《心畫-中國文人畫五百年》（北京：北京大學出版社，2018年），頁230-234。

28 陳傳席著，《中國繪畫理論史》（臺北：三民書局股份有限公司，2014年），頁201。

浩、關仝、董源、李成、范寬以及於大小米、元四家，皆王派。李派粗硬，無士人氣。王派虛和蕭瑟，此又會能之禪，非神秀所及也。至於郭忠恕、馬和之，又如方外不食煙火人，另具一骨相者。[29]

董其昌與陳繼儒相繼對南北宗提出相同的見解，皆推舉王維為南宗之首，王維思想清高，且擁有高深的文學素養。蘇軾評他「詩中有畫，畫中有詩」，亦有「詩佛」的稱號，這種富含詩意之作符合文人畫的品評標準。且王維作畫是用以自娛，怡情養性，不為宮廷服務，除去富麗堂皇的色彩，始用「淡染」，此點又與董其昌的審美標準不謀而合。故董其昌選擇以王維作為文人畫及南宗的代表，是有跡可循的。

在創作上董其昌認為：

士人作畫，當以草隸奇字之法為之。樹如屈鐵，山似畫沙，絕去甜俗蹊徑，乃為士氣。不爾，縱儼然及格，已落畫師魔界，不復可救藥矣。若能解脫繩束，便是透網鱗也。畫家六法，一氣韻生動。氣韻不可學，此生而知之，自有天授，然亦有學得處。讀萬卷書，行萬里路，胸中脫去塵濁，自然丘壑內營，立成鄄鄂。隨手寫出，皆為山水傳神矣。[30]

他認為應以草隸奇字之法為之，才能去除甜俗蹊徑，稱為士氣。並認為氣韻不可學，是與生俱來的，但可透過讀萬卷書，行萬里路，去除胸中的塵濁，隨手寫出皆能傳神。此言「胸中脫去塵濁」與莊子「心齋坐忘」有異曲同工之妙，透過澄思靜慮，清心寡慾的修行，以達到無礙的精神境界。

為翻轉日漸流於形式化的文人畫，董其昌以「復古」為旗幟，強調師古人之意。熱衷於董、巨、米芾及元四家的他，曾於《畫禪室隨筆》中提到：「茲一戲仿之，猶不敢失董、巨意」，「余雅不學米畫，恐流入率易」等，皆可證明他對於復古的實踐。觀其〈婉變草堂圖〉（1597）此圖描繪以一個草堂為中心，四周環繞著重複層疊的峭壁，造

---

29 再引陳傳席著，《中國繪畫理論史》，頁208。

30 董其昌，《畫禪室隨筆》，〈畫訣〉，中國哲學書電子化計劃。取自 https://ctext.org/wiki.pl?if=gb&chapter=27645#p3，2021年6月14日瀏覽。

型獨特，直皴構成的樹石既抽象又現實，彷彿在製造一種氛圍，實為描寫畫家內心迂迴的世界。董其昌創造出一種獨步的空間隔，只有自己才能進入，一反宋代山水的「可居、可遊、可行、可望」的概念，這幅畫被視為開啟文人畫的新階段。

董其昌雖提倡以「復古」來阻止日漸流於形式化的文人畫，但其表現方式卻很創新，他借由書法化的用筆來創造個性化的風格，探索抽象變形的可能性，以免落入職業畫家缺乏個性的筆墨。

結語

本文為探析文人畫理論的形成過程與如何因應時代的變遷而做出改變。文人畫的概念自宋朝興，追求詩意與畫外之意成了當時的表現形式，歐陽修的「得意忘形」，蘇軾的「常形」、「常理」、「成竹在胸」等觀點皆影響文人畫往後的發展。且宋代的文人畫家大都具有高度的文學成就，並以此來區分與職業畫家的不同。到了元代，趙孟頫提出「書畫同源」，連接繪畫與書法間的相通性，將書法性的線條帶入筆墨之中，兩者相輔相成。文人畫家更透過筆墨的韻味來展現自身的學識、品格及思想感情，元四家更因此創造出個人風格的多樣化。由宋至元可以發現文人畫論的發展從創作者本身需具備文學涵養、品格、才情及思想的條件外，更追求個人風格的表現，尤其到元代，繪畫是為了抒發創作者的情感，而非描摹自然的形態。

到了明代，因科舉制度及文字獄的影響，使得出仕為官的文人們紛紛遠離官場，這些精英階層大都集中在經濟發展較盛的沿海城市。文人因在考場的失利，導致他們需要以別的方式來維生，如鬻畫，再加上崛起的商人階層也渴望文人的藝術品味，因此願意成為他們的贊助者。像是文徵明及唐寅這類的文人畫家，皆有鬻畫的行為，以維持生計。沈周與文徵明因一畫難求，甚至替自己的假畫落款。由此可證，文人、市民與世俗三者緊密的結合，彼此互相碰撞與影響，也促使文人大量的介入世俗文化的生產行列。然而，鬻畫的行為與先前文人畫所提倡的「淡泊、不盈利」精神相違背，但後世仍將他們歸屬在文人畫家的行列，可

見文人畫的理論與發展是隨著時代變遷而有所調整的。

　　明末董其昌提出「文人畫」一詞與「南北宗」的理論，以禪論畫，將古往今來的創作者一分為二。這對文人畫的發展來說是一個新的史觀，藉由找尋風格的承接性及身分地位來完成一個初步的藝術史，一個以文人藝術家為主導的藝術史。並且董其昌將其論點與實作相結合，以〈婉孌草堂〉一圖開啟了文人畫的新階段。雖南北宗的論點到現在仍然有諸多需要討論的地方，但不得不佩服董其昌的前衛精神，也看出文人如何起到了文化仲裁者的作用。

　　綜上所述，每個時代對於文人畫的觀念論點皆不盡相同，在時代變遷的過程中，眾人的價值觀也會產生改變，對於原所認知的既定觀念也會做出調整。這是一種時代下的產物，亦是一種文化變遷的過程。科塔克曾提及：

　　文化以不同的方式被整合與模式化，而展現出相當驚人的變異性與多樣性。當文化特質被採借，它們會受到修訂，以切合於採用這些特質的文化。它們被重新整合－重新模式化－以切合它們的新場景。[31]

　　思想文化不僅藉由相關的社會模式與經濟活動被整合起來，也藉由每個時代的價值、象徵、觀念與判斷方式的重組，產生一個適用於當時代的新論點。縱使如此，有些具有特色的中心思想或核心價值在時代整合的過程中亦被保留下來，成為獨特性的存在。中國特有的「傳承」文化便是如此，吸收過去的精隨，逐漸演變出一種適用於當下存在的觀點，縱使與之前的定義不同，但無傷大雅，因為這個新觀點是最適合當時代的。如同文人畫的定義始終沒有停止變動，而是在變動的過程中漸漸的去切合當下的歷史情境，我們也始終認為這一獨特性的文化特質無疑是中國繪畫之歷史發展中十分重要的存在。

31　科塔克著，徐雨村譯，《文化人類學》（高雄：巨流圖書股份有限公司出版，2010年），頁55。

參考書目

（一）專書

- 葛路著，《中國古代繪畫理論發展史》（台北：丹青圖書有限公司，1987年）
- 朵雲主編《董其昌研究文集》，（上海：上海書畫，1988）
- 陳傳席著，《六朝畫論研究》（臺北：學生書局，1991年）
- 高木森著，《明山淨水-明畫思想探微》（臺北：三民書局股份有限公司，2005年）
- 鄭文著，《江南世風的轉變與吳門繪畫的崛興》（上海：上海文化，2007）
- 蘇心一著，《文人畫今昔－從許海欽談起》（臺北：文史哲出版社，2007年）
- 石守謙，《從風格到畫意-反思中國美術史》（台北：石頭出版社，2010年）
- 科塔克著，徐雨村譯，《文化人類學》（高雄：巨流圖書股份有限公司出版，2010年）
- 徐復觀著，《中國藝術精神》（臺北：學生書局有限公司，2013年）
- 高居翰著，李渝譯，《圖説中國繪畫史》（北京：三聯書店，2014年）
- 陳傳席著，《中國繪畫理論史》（臺北：三民書局股份有限公司，2014年）
- 陳師曾著，《中國繪畫史文人畫之價值》（上海：上海書畫出版社，2017年）
- 卜壽珊著，皮佳佳譯，《心畫-中國文人畫五百年》（北京：北京大學出版社，2018年）

（二）相關期刊

- 黃光男，〈文人畫在台灣〉，《書畫藝術學刊》，2009
- 石守謙，〈中國文人畫究竟是什麼〉，《從風格到畫意-反思中國美術史》，2010
- 呂昇陽，〈文人畫的重要觀念探析〉，《南臺人文社會學報》，第16期，2016
- 廖啟恆，〈淺論明代董其昌的文人思想〉，《書畫藝術學刊》，2018

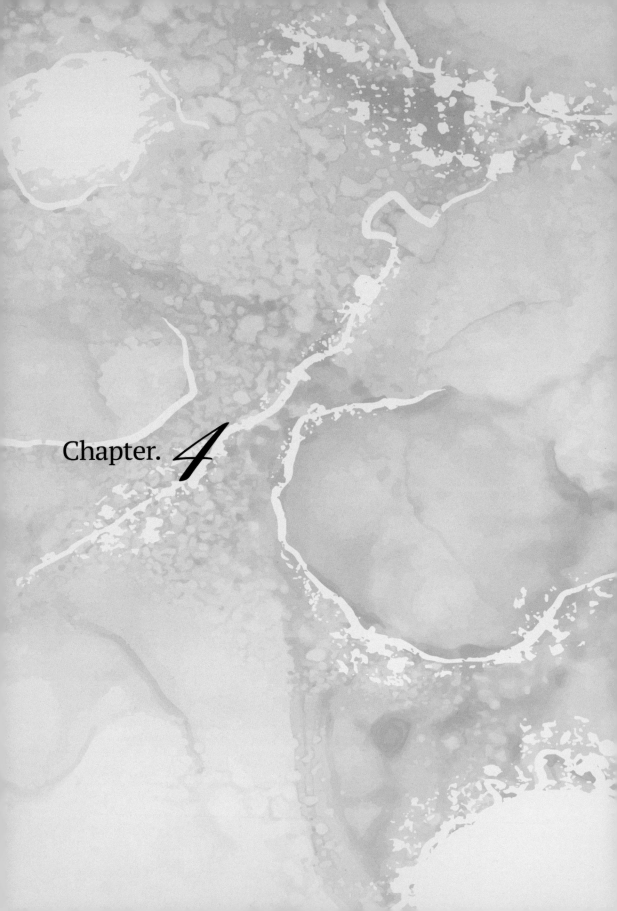

Chapter. *4*

山水畫析論：借古寓今論「典故入畫」之「精神寄寓」
—以元代趙孟頫山水畫為例

徐嘉霙

摘 要

　　本文藉由探討中國山水畫的根本精神，而知「山水畫」並非單純是再現景物的風景畫，其中更展現了豐厚的中國繪畫美學與人文思想，觀者可透過對畫作的探究進一步地揭開深藏於山水畫中的「道理」，以及畫家的「精神寄寓」。文中首先引述黃光男教授（1992）於《藝海微瀾》的前三章〈山水畫形質之研究〉中的分析，以奠定本文所論述「山水畫之核心精神」並透過文中的三階段理解中國山水畫之根本精神在於道家的老莊思想，而畫家更因投身於自然中觀察，能師法造化且中得心源，並進一步悟得人生道理，更藉由山水畫以一展胸中之「寄興寓意」。而「典故入畫」則為一種畫家能「借古寓今」的寄寓手法之一，元代繪畫中不乏有以「典故入畫」之作品，故欲讀懂元代繪畫則需先懂「典故」。而後本文進一步以元代趙孟頫的《幼輿丘壑圖》為例，對「典故」的「精神寄寓」進行探討，更可見古代畫家對山水的根本精神之嚮往與追求。

　　而筆者發現當今水墨畫在追求創新的過程中，時常少了一份更為深層之內涵，而對於水墨內在之精神追尋，或可藉由對古代「山水畫之精神」的探究中獲得，其中借「典故入畫」之作品呈現，也能使作品更具隱喻性情思，而「典故」在繪畫中呈現時，則可使作品成為文化傳遞之媒介，使文化得以流傳，許是創作者們在作品表達上可學習與借鏡，使觀者可從畫作所引用的典故以及欲傳達之情思中，傳達更豐富之內涵而值得探索。

一、緒論

「山水畫」是中國水墨畫歷史發展中，最能體現中國繪畫美學與人文哲理思維的體裁，無論歷代山水畫如何發展與變遷，皆可從山水畫中有感於「人」對「自然」的觀察與體悟，山水畫並非只是景物之再現，而是一段探索之歷程，山水畫所乘載的是宇宙之「道理」，以及情感之「寄託」，更展現了「人」與「自然」的意境融徹，故使中國山水畫更顯得超然於物外，亦如老子所謂：「形而上者謂之道，形而下者謂之器」，山水畫喻含了萬物「形而上」之「精神寄寓」。

山水畫的歷史博大精深，關於山水畫的形質之建立，以及山水畫所蘊含之精神，本文引述了臺灣的畫家、學者黃光男教授（1992）著作《藝海微瀾》中之研究分析，以綜觀山水畫之核心內涵。而山水畫的筆墨氣韻，彰顯著作者深厚之底蘊，水墨之精神與生長在這塊土地上的我們密不可分，不論是氣質的養成抑或是文化的閱歷皆息息相關。

直至今日，以水墨為題材之創作，雖然亦常見於當今的藝術表現中，但多半在對「當代」的追求上更講求作品的「創新」。而今日水墨畫家儘管眾多，有些堅持以「水墨媒材」進行傳統筆墨描繪；有些以全新形式或儀式呈現「水墨媒材」；而有些則改變媒材進行「水墨概念式」的創作。雖都可感受這些創作者藉由不同形式的創作以維繫著自身與「水墨」之間的絲絲連結，試圖使「水墨畫」的生命得以延續。但當今水墨畫，卻常少了一份更為深層之內涵，而常流於「水墨媒材」之「再創作」，對於水墨內在精神之追求，或可藉由對古代「山水畫之精神」的探尋中獲得，而另外欲透過山水以「寄興寓意」之方式，其中更為具體之表現，則可在「以典故入畫」的元代作品中尋見，其中借「典故」之運用使作品韻含隱喻性情思，而繪有「典故」之作法則可使作品成為文化傳遞的媒介，為當今創作者們在作品表達上可借鏡之方式之一。

元夏文彥《圖繪寶鑑・製作楷模》：「或有逸品，皆高人勝士寄興寓意者，當求之筆墨之外，方為得趣。」[1]其中對高人勝士具「寄興寓

---

1 元，夏文彥，《圖書寶鑑》（臺北市，臺灣商務印書館，1956年4月初版），頁2。

意」的特質有著較高的評價，展現了元代在精神層面之昇華。同時，因元代繪畫中不乏有以「典故入畫」之作品，故當我們要讀懂元代繪畫，更需先懂得「典故」。而作者如何藉由典故以呈現自身之寄興，更需藉由理解「典故」的文化意義來讀懂畫中寓意。而本文在以「典故入畫」的探尋中，則著重於元代書畫家趙孟頫的《幼輿丘壑圖》，在文中將進一步解讀謝幼輿之「典故」在趙孟頫這幅山水畫中之「精神寄寓」，並對趙孟頫之生平以及其較具爭議性之歷史觀感進行探析，以探趙孟頫所寄託之胸懷。假若觀者對謝幼輿的典故不熟悉，則無法真正理解其畫中之寓意。故探討作品如何藉由「典故入畫」以「寄懷寓意」則為本文之研究核心。

　　而畫中之「典故」亦可見趙孟頫對中國山水畫的根本精神之追尋。在山水畫之理論與實踐的探討中，筆者將分析其「古意論」所蘊涵之魏晉精神，而魏晉崇尚之清談，便是對老莊之精神的回歸與發揚，趙孟頫之「古意」實為追尋山水中之根本精神，以及其寄情於山水之情懷。而趙孟頫憑藉著對唐及北宋理論之理解與繼承，成為了真正的畫論實踐者。趙孟頫在《秀石疏林圖》中對「書畫用筆同源」之觀點釋文：

趙孟頫　秀石疏林圖　元代　紙本水墨　27.5×62.8cm　北京故宮博物院藏

趙孟頫　雙松平遠圖　元代　紙本水墨　26.7×107.3cm　美國大都會藝術博物館藏

「石如飛白木如籀，寫竹還於八法通，若也有人能會此，方知書畫本來同。」以及《雙松平遠圖》中對松、石之用筆皆可見其畫中所呈現與理論相符之特色。如明人王世貞所說：「文人畫起自東坡，至松雪敞開大門。」便可見趙孟頫在書畫同源的「筆意」探尋中，為山水畫一展文人精神的重要領路人。儘管山水畫中應具「人格畫格」之精神在趙孟頫仕元時多有爭議，但《幼輿丘壑圖》也可謂是一幅趙孟頫借古寓今以表其心之「清」的作品。

二、論「山水畫」之根本精神

仰觀中國山水畫的基本精神，欲理解其形質之建立與體察，可在黃光男教授（1992）《藝海微瀾》的前三章〈山水畫形質之研究〉[2]中可得其深刻之見解，亦可從書中所分析之山水三階段中對中國山水畫之核心有全面性的理解：其一，「度物象而取其真」；其二，「身即山川而取之」；其三，「人格畫格」，若能明白此三階段的層次與意境，便能有如優游於山水畫中般對中國山水畫有更深層之體悟，就如同郭熙《林泉高致》中所謂的：「山水有可行者，有可望者，有可遊者，有可居者。」而畫者與觀者皆能遊歷其中，真實體會此美學意境的重要元素，更有感於繪畫中之幽深意韻。而書中三階段，分別為：

（一）「度物象而取其真」

可從荊浩《筆法記》一句：「度物象而取其真」中得知山水畫之形質建立，實際在於情境上之追求，假如要理解中國山水畫，則應知如黃光男於書中所說的山水畫：「源於道家理念之傳播、道家精神之彰顯」，故從精神繼承的方面來探尋，水墨之形式表達應從微觀中進入畫境，並在深度地境界中追求其中的氣氛營造，因故山水畫之首要，應知其中所追求之「亦真亦樸」的「真」。

（二）「身即山川而取之」

而第二層次在山水形質的體察中，可由郭熙一句「身即山川而取

2　黃光男，〈山水畫形質之研究〉，《藝海微瀾》（臺北市：允晨文化出版社，1992年），頁1-97。

之」明白，其中之必要性體察，亦在於理學精神的追求，而在「靜觀興味」中，更有感於「仁者與天地萬物一體」，在「得心應手」的過程中，則感受到山川為畫家密不可分之一體，好似若無山川則畫家亦不完整般，更在「外師造化、中得心源」中感受著與大自然「物我一體」的境界，而達到理想中「造理入神、迴得天意」之寄託。

（三）「人格畫格」

最後，欲理解中國山水畫，則需知山水與人文精神之相關性，其中在「文人畫」思維中所重視的「人格畫格」，即所謂「畫品即人品」，可在中國山水形質理解中解讀山水畫中更深層之胸懷，如在郭若虛的《圖畫見聞志》中提到：「如其氣韻，必在生知。……人品既已高矣，氣韻不得不高；氣韻既已高矣，生動不得不至。」可知從繪畫中可見一人的氣質、修養，以及其精神狀態。文人寄情於筆墨中，亦強調人格完善與內在修養，同時在表達心中感想與性靈的過程，藉以感受山水畫的感性情趣與脫俗才情。

藉由對此三階段之概述，可知中國山水畫之根本精神在於道家的老莊思想，而畫家更著重於對自然之觀察而悟得人生道理，並藉山水之描繪一展胸中之寄興寓意。而回溯目前所知第一篇正式的山水畫論《畫山水序》，便可見其中之「道」已為山水畫之根本精神奠定了基礎，作者為一玄學家既佛教徒的宗炳，儘管受到佛教思想影響，但在文中整體脈絡亦可見其依然以「道」為核心，在文中論：「聖人含道暎物，賢者澄懷味像。」其中的「道」即為道家之道，而老莊之道崇尚自然，且蘊含保身而不爭之意，就如陳傳席《中國繪畫理論史》中所說：「佛國是他的目標、理想境地，但通往佛國的路乃是道家之路。」[3]，就如《莊子・知北游》：「天地有大美而不言」，若不懂得「身即山川而取之」怎可知天地之大美？又如何體會聖人之「道」呢？故當宗炳年老怕無法再遍睹名山時說「惟當澄懷觀道，臥以遊之」，期望能藉由山水畫以澄清懷抱且心無雜念地去品味「道」。

3　陳傳席，《中國繪畫理論史》（臺北市：三民書局，1997年9月），頁21。

而生於魏晉時期的宗炳，此時代無不崇尚玄學及清談之風。有別於漢代獨尊儒術，魏晉一切領域都浸透著玄學的意識。玄學以《莊子》、《老子》、《周易》為三玄，實則以崇尚自然的莊學為基礎。崇尚自然更眷戀山水，因為玄學的需要，山水畫便成為了「言玄悟道」的最好形式。[4]而山水畫不僅是畫家對客觀自然的藝術表現，更是畫家情感的物化和精神世界的展示。從晉唐五代的山水畫中，不僅能體察到當時自然環境的外在形貌特徵，更能體會到作品中潛藏的內在精神力量，並被這種力量所感動和震撼。[5]而趙孟頫的《幼輿丘壑圖》則是藉由對於晉唐之「古意」追尋，並藉由晉代人物「謝幼輿」之典故，以傳達中國山水畫之「意象」。故可知「在山水畫中，一丘一壑、一草一木、一雲一水都是畫家營造的可見意象」[6]，而山水畫之根本精神便由此而知。

三、借「典故入畫」以「精神寄寓」
（一）「典故」之「精神寄寓」

　　「典故」一詞簡單來說為「有出處、依據的故事典例」[7]，而古今詩文裡皆有不少典故，修訂本《辭海》、《辭源》都解釋「典故」為：「詩文中引用的古代故事和有來歷出處的詞語」，即劉勰在《文心雕龍》中所說的「蓋文章之外」的「事類」是其一；其二，典故言簡意賅，言有所指，或言約意豐，言在意外，起到明理征義、藉古喻今的作用。[8]故可知目前對於「典故」的引用大多在於詩詞文學中，故欲探析「典故」則大多需先從修辭學、文學等方面著手。而東西方文化發展中皆有「典故」之流傳，而在文學上的定義則有較明確的說明，故此處另藉由《西洋文學典故》一書中對於典故之解釋，加以定義「典故」之意涵：

4　陳傳席，《中國繪畫理論史》，頁18。

5　花仕旺、任宏霞，〈中國山水畫之精神〉《安徽職業技術學院學報》第8卷第1期（2009），頁51。

6　葉梅，〈從家庭影響看「書法雅言」正宗觀的形成〉，《重慶三峽學院學報》第5期（2009），頁108。

7　中華民國教育部（104年11月網路第五版），《重修國語辭典修訂本》【線上辭典】。取自：http://dict.revised.moe.edu.tw/cgi-bin/cbdic/gsweb.cgi?ccd=7CAueW&o=e0&sec1=1&op=sid=%22Z0000004 6220%22.&v=-2

8　許心傳，〈中國典故類別〉，《語文教學與研究（大眾版）》第2007卷第10期（2007），頁96。

典故（allusion）又稱用典或用事。簡言之，集古典今用，行文之間，用過去的著名人、地、物、事或引用前人的文學作品來援古論今或引古論今。……典故喻意的掌握應透過文化背景，而知其出處及來龍去脈。語言植根於文化而有密切的關係，越了解文化背景，越能掌握典故的喻意。[9]

在繪畫中之「用典」亦然，對於文化背景愈熟悉則愈能掌握其中的內涵，而藉由古事典例於今日再用之作法，觀看繪畫作品時，觀者則需對作者畫中典故的文化背景有相同概念之理解，方能在鑑賞中確實解讀作者欲藉典故傳達之意義。

而回到中國古代文學，魏晉六朝時在人的自覺基礎上形成了「文」的自覺，為「典故」發展的壯大提供了新的契機與負其流傳並綿延後世的載體。而「文」的審美特質亦為時人所專注，它表現的正是人的思想、意識與情感。[10]故可知「典故」承載著用典之人的「精神寄寓」，而中國古代則常見引用典故以增添內涵與層次之「詩詞」，如以唐、宋題畫詩為例，可見由文字的形容與描繪中，呈現了不同時代的風格，如唐代具體而外放；宋代精神而內斂。

例如唐李白的題畫詩《觀元丹丘坐巫山屏風》中所引用的典故，詩中描述了李白當年遊三峽時見過巫山，如今看見元丹丘的這幅屏風畫中的巫山時，彷彿又回到了從前的悸動，讓李白不免懷疑天邊的巫山十二峰，都這樣飛進屏風裡了。而李白將屏風上之景色與感情亦描繪地歷歷在目，其中詩句：「寒松蕭瑟如有聲，陽台微茫如有情。錦衾瑤席何寂寂，楚王神女徒盈盈。」描述了寒松在風中搖曳時好似有聲，讓畫中依稀可見的陽台如有深情一般。而棉衣瑤席多麼地寂寞，就像楚王和神女當年的熱戀般徒然。

其中「陽台」在宋玉《高唐賦》中記載巫山神女與楚懷王夢遇時，有言：「妾在巫山之陽，高丘之岨，旦為朝雲，暮為行雨，朝朝暮暮，陽台之下」而使今巫山縣北則有「陽台山」之稱。而李白也以此典故

9　關辰雄，〈導讀〉，《西洋文學典故》（臺北市：文鶴，2004年9月修訂版），頁1-2。
10　郭蓉，〈典故研究的理論與方法概談〉《理論月刊》第2006卷第8期（2006），頁39。

x

「楚王神女徒盈盈」描述似在畫中可聽出有聲並見到有情,但又在轉眼間成幻覺而「徒盈盈」,將詩中對畫面景物的再現有所投射,使讀者得以感受詩人的審美心理與其微妙變化,使典故傳說豐富了畫面的內涵,更激起讀者之聯想。又如最後四句「溪花笑日何年發,江客聽猿幾歲聞。使人對此心緬邈,疑入嵩丘夢彩雲。」中又再見李白《早發白帝城》:「兩岸猿聲啼不住,輕舟已過萬重山。」之「猿聲」,可見其對感官描繪之空靈,就像李白所說在畫前之人都不免心胸高遠,而更能在山水畫中得到心境之釋然與解放。

而在宋代蘇軾的題畫詩中,更常見其引用典故以寄託極富哲思之精神與內在,如《書文與可墨竹》中述說著蘇軾與文與可的深厚友情時的「用典」,蘇軾對文與可之才華多有不捨,而感嘆著如今好友文與可逝世,便不再有人能懂他了,則在最後的詩句中說道:「筆與子皆逝,詩今誰為新。空遺運斤質,卻吊斷弦人。」如對典故不熟知,則無法體會蘇軾文字中之深情,「空遺運斤質,卻吊斷弦人」其中「運斤」出自莊子《徐無鬼篇》中提到匠石運斤成風,與郢人合作,郢人死後,則匠石不願再舞斤;而「斷弦人」則引用了鍾子期與伯牙之典故,當鍾子期死後,而伯牙則碎琴,皆寄寓了其友情之深厚;又如蘇軾在《題文與可墨竹》中一句:「誰云生死隔,相見如糞壤」便引用了《晉書‧隗昭傳》中所記載一段「生死之約」之典故,使詩詞在典故中更具「精神寄寓」。而「繪畫上的用典」與「詩文上的用典」其根本精神實屬相同,皆為一種「借」古「寓」今之寄託。以下則以元代趙孟頫的《幼輿丘壑圖》為例說明之。

(二)「典故入畫」之「精神寄寓」:元趙孟頫《幼輿丘壑圖》為例

1.論趙孟頫之生平與《幼輿丘壑圖》

趙孟頫,字子昂,號松雪道人,於南宋理宗寶祐二年(1254年)秋季生於江南湖州郡(今浙江省吳興縣),宋太祖子秦王趙德芳(959-981)之後。自幼聰穎過人,早年在母親的督促下曾心懷大志。而趙孟

頫略詳之生平記事據《元史[11]·卷一百七十二·列傳第五十九》中得知一二，其中有記：

趙孟頫字子昂，宋太祖子秦王德芳之後也。五世祖秀安僖王子偁，四世祖崇憲靖王伯圭。高宗無子，立子偁之子，是為孝宗，伯圭，其兄也，賜第于湖州，故孟頫為湖州人。……。孟頫幼聰敏，讀書過目輒成誦，為文操筆立就。……。宋亡，家居，益自力於學。至元二十三年，行臺侍御史程鉅夫，奉詔搜訪遺逸于江南，得孟頫，以之入見。[12]

如文闡述趙孟頫年幼聰敏好學、富才氣，但早年卻適逢宋元交替，身為宋宗室後人的趙孟頫最後選擇出仕元朝的經歷。可知此結果於元代以來必遭許多非難和臆測，但若站在趙孟頫的立場思考，或能同理其矛盾且無奈之心境，已知趙孟頫本懷有一展長才之抱負，但卻身處元代，面對滅國的入侵者，該退隱或出仕便是一大抉擇，而本為宋人之趙孟頫最後卻選擇了出仕元朝，如何能心安理得？且如此聰慧之人怎不知此舉將背負上見利忘義之罵名？

另據《元史》載：「孟頫才氣英邁，神采煥發，如神仙中人，世祖顧之喜，使坐右丞葉李上，或言孟頫宋宗室子，不宜使近左右，帝不聽。……」[13]可知元世祖第一次見趙孟頫則如獲至寶，但又因趙孟頫為宋宗室子而受眾人忌憚，可見趙孟頫不時地處在既榮光又艱辛的為官歷程中。儘管如此，趙孟頫的仕途依然可算是平坦，至晚年甚至官居一品，且名滿天下。而趙孟頫為官清正，多有政績，任期時多次站在漢人及百姓的立場，給予元世祖許多良好之見地，儘管人微言輕難有所革新，但足可見其愛民之心。而他一生仕元五朝，官至翰林學士承旨、榮祿大夫，更使元朝皇帝「眷之甚厚」且「將其比作唐之李白、宋之蘇子瞻」，死後更追封為魏國公，諡文敏。[14]

11　《元史》是明朝的宋濂（1310-1381）等奉明太祖之命編撰的紀傳體史書。至清末民初柯劭忞（1848-1933）歷經約三十年撰成《新元史》。1921年，中華民國大總統徐世昌下令將《新元史》列為「正史」，與舊有二十四史合稱二十五史。《元史》敘述文體簡潔，而《新元史》在文字修飾上略有提高，兩者皆有作為研究元代之原始史料之價值。

12　明，宋濂等人編，《廿五史（武英殿版）—元史》（臺北縣：德志出版社，1952年），頁1616。

13　明，宋濂等人編，《廿五史（武英殿版）—元史》，頁1616。

14　摘自明，宋濂等人編，《廿五史（武英殿版）—元史》，頁1616-1618。

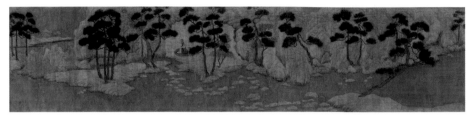

趙孟頫　幼輿丘壑圖　元代　絹本設色　27.4×116.8cm　美國普林斯頓大學美術館藏

　　雖知趙孟頫受元世祖看重，但他卻也一再透露對出仕一舉的悔意，此心亦可從他給吳澄[15]（1249－1333）的《松雪齋文集・卷六・送吳幼清南還序》後半段中得知，趙孟頫提及天子搜才之事，也表明吳澄推辭了此次招攬並堅守「歸去來兮」之心，故趙孟頫一句「吳君之心，余之心也」，其實正說明他更願同吳澄般灑脫且歸隱，也因此於他的詩文書畫作品中才得以一再地感受到他「身在官場、心在丘壑」之精神。

　　而享譽元代的宋室後人趙孟頫，其內心不免也因身分備感矛盾與悵惘，其種種情思或可從其詩書畫中得見。關於其人品問題，徐復觀（2001）在《中國藝術精神》[16]中就趙孟頫仕元失節問題及其在繪畫史上的地位重新作了一番評論，更為其人品進行辯解，他認為趙孟頫作為一個過氣王孫，面對仕與隱的問題，實是關乎生與死；趙出仕後，政績顯著，雖與名儒所走的路不同，但「用心並無二致」，「我們應當諒其心、哀其志，以與他的藝術心靈相接觸」。因為來自於趙孟頫「身在富貴而心在江湖的隱逸性格」的心靈上的「清」，使他把握到自然世界的「清」，從而形成他作品上的「清」。徐復觀的見解不但推翻了歷來對趙孟頫人品的臣見也重新確立了趙孟頫的畫史地位。

　　而〈幼輿丘壑圖〉材質為絹本、青綠設色，尺寸長27.4、寬116.8公分，創作具體年代不詳，現藏於美國普林斯頓大學美術館。至今談及〈幼輿丘壑圖〉時，必會提到趙孟頫在畫後之題跋：「予自少小愛畫，

---

15 元，吳澄（1249年－1333年），字幼清，號草廬，撫州崇仁（今江西崇仁咸口）人。宋元之際理學家巨擘，也是元廷不斷爭取入朝的對象。同為至元二十三年，程鉅夫詔起遺逸於江南，吳澄則以母親年老為藉口拒絕（其實他母親11年後才去世），此年趙孟頫入見出仕。而從他的詩文中一再表明故國之思、民族觀念和地域偏見阻止他出仕。摘自勞延煊，〈元初南方知識份子—詩中所反映的片面〉，《中國文化研究學報》，第10卷上冊（香港中文大學中國文化研究所，1979年），頁138-142。

16 徐復觀，《中國藝術精神》（上海：華東師範大學出版社，2005年），頁266-268。

得寸縑尺楮，未嘗不命筆模寫。此圖是初傳色時所作，雖筆力未至，而粗有古意。」以及其子趙雍（1289－1369）之題跋：「右先承旨早年所作幼輿丘壑圖真跡無疑，拜觀之余悲喜交集，不能去手，無言師其實之。雍謹書。」……等人跋語，但其實這幅〈幼輿丘壑圖〉於著錄中存在著「一畫兩本」[17]的情況，且在研究趙孟頫「古意論」思想時，多引「佚失本」後跋語佐以「現存本」圖像做證，謬誤錯亂。所以可知趙孟頫之題跋實際上是記載於「佚失本」上而非「現存本」。但就「現存本」之畫面精神來談，確實與趙孟頫許多詩文，如〈罪出〉中：「在山為遠志，出山為小草。……。平生獨往願，丘壑寄懷抱。」[18]所呈現的意境如出一轍。儘管〈兩件《幼輿丘壑圖》著錄及流傳考辨〉一文對歷代著錄進行了疑義及謬誤之考辨，但文中所統整的各本文獻紀載，依然證實著《幼輿丘壑圖》與趙孟頫間密不可分之關聯，故〈幼輿丘壑圖〉依舊可視為研究「趙孟頫之山水畫精神」的重要根據。

在《幼輿丘壑圖》中可見謝幼輿從一個形象成為了一個意象，觀者需透過對「典故」的探討進一步解讀畫作之意。而與謝幼輿同為東晉時期，首先對人物之「傳神」有深刻觀察的顧愷之曾「顧長康畫謝幼輿在巖石妙，人問所以，顧云：一丘一壑，有謂過之，此子宜置巖壑中。（《世說新語·巧藝》）」因顧愷之領會了謝幼輿的精神與追求，故將其安排於丘壑中，使人物的精神與其對自然的追求相互融合。而趙孟頫便是藉此典故繪製《幼輿丘壑圖》，使山水畫疊加上了一層文化的寓意與情思。

2.謝幼輿之「典故」與趙孟頫之「寄寓」

謝幼輿的生平記事在魏晉《世說新語》[19]以及唐《晉書·列傳第十九·謝鯤傳》[20]有較為詳細的記載，筆者將藉由此二書中之典故事蹟以分析謝幼輿與趙孟頫間之關聯並推敲趙孟頫以此典故入畫之用意。

---

17 宮力著，〈兩件《幼輿丘壑圖》著錄及流傳考辨〉，《故宮博物院院刊》，第5期，總第229期（北京故宮博物院刊印，2021年），頁40。

18 元，趙孟頫著，《松雪齋文集》，卷二（臺北市：學生書局，1970年）。

19 劉廣義著，劉正浩等人注譯，《新譯世說新語》（臺北市，三民書局，2004年初版五刷）。

20 房玄齡等人撰，《廿五史（武英殿版-晉書》（臺北縣：德志出版社，1952年）。

（1）由儒入玄，不忘國事

從典故中可知謝幼輿「由儒入玄」卻依然「不忘國事」的事蹟，如《晉書‧謝鯤傳》中記載：

> 謝鯤，字幼輿，陳國陽夏人也。祖纘，典農中郎將。父衡，以儒素顯，仕至國子祭酒。鯤少知名，通簡有高識，不修威儀，好《老》《易》，能歌，善鼓琴，王衍、嵇紹並奇之。

可知謝家本來以素儒知名，而謝鯤則更崇尚《老子》、《易經》，而在年輕時就成名，並富有高識，同時能歌，善鼓琴。王衍、嵇紹都對他感到驚異。儘管謝鯤改儒學為玄，雖然也如那些玄學家一般放浪不羈且忘情於物外，但始終抱著個「入世」的心，可從他對當時有名之青年才俊衛玠之死的不捨中得知。

如《世說新語‧文學》中有一段記載：

> 衛玠始度江，見王大將軍。因夜坐，大將軍命謝幼輿。玠見謝，甚說之，都不復顧王，遂達旦微言。王永夕不得豫。玠體素羸，恆為母所禁。爾夕忽極，於此病篤，遂不起。

衛玠透過鎮守豫章郡的大將軍王敦，認識了當時在他手下擔任長史的是謝鯤後「玠見謝，甚說之，都不復顧王」可知衛玠與謝鯤後相談甚歡，連王敦都插不上話，則可見其二者志趣相投，能使謝鯤惺惺相惜，但也因為衛玠身體本操勞而虛弱又徹夜談論，而讓病情加重最終過世。

在《晉書‧卷三十六‧列傳第六》又記當衛玠過世後：謝鯤哭之慟，人問曰：「子有何恤而致斯哀？」答曰：「棟樑折矣，不覺哀耳。」一句因為國家棟樑折損了所以哀慟，便道盡了謝鯤雖在崇尚清談、嚮往自然的途中依然不忘國事，存有著因良臣在世才能讓國家好而百姓更好之冀望，此心態或與趙孟頫的處世之心相符合，如同《幼輿丘壑圖》中的謝幼輿，雖獨自忘情於山水中，但對於國家之士卻從未忘懷過一般，趙孟頫無奈於元朝為官也有此份厚望。

（2）寄情山水，高遠暢達

在《世說新語‧賞譽》中記載：「謝公道豫章：『若遇七賢，必自把臂入林。』」謝安稱道豫章太守謝鯤時所 ：「他如果遇到竹林七

賢，一定會跟他們一起手拉手地進入竹林。」可見他將謝幼輿與竹林七賢相比擬，因謝幼輿之性情豪爽，與不致力於政事之心與竹林七賢相同。更對自己放情於山水間的性情所自豪，皆可從《晉書・謝鯤傳》的典故記載中得知：

敦有不臣之迹，顯於朝野。鯤知不可以道匡弼，乃優游寄遇，不屑政事，從容諷議，卒歲而已。每與畢卓、王尼、阮放、羊曼、桓 、阮孚等縱酒，敦以其名高，雅相賓禮。

因王敦有不願做臣的行迹，且朝野皆知，而謝幼輿也知道自己不能用道來輔正王敦，所以擔任長史的期間，謝幼輿便悠閒自得他寄居於此，時常與同道中人、好友們縱情飲酒，從容不迫地諷議聊以消遣時光，當王敦有心叛亂時也有所操守、極力勸阻。

而當謝鯤出使到京都時，明帝司馬紹在東宮會見他，也十分親近並重視他。明帝曾經問道：「論者以君方庾亮，自謂何如？」此時謝幼輿便回答道：「端委廟堂，使百僚準則，鯤不如亮。一丘一壑，自謂過之。」可見當有人拿他與庾亮相比議論時，他則認為在廟堂之上讓百官有所準則這點他比不過庾亮；但在一丘一壑，願意退隱在野，同時寄情於山水間之胸懷是庾亮遠不及他的地方。所以溫嶠就曾經對謝幼輿的兒子謝尚說：「尊大君豈惟識量淹遠，至於神鑒沈深，雖諸葛瑾之喻孫權不過也。」他認為謝幼輿不只見識雅量長遠，而且還具有神鑒精深的鑑察力，如果用諸葛瑾對孫權的比喻也不算過分。

而謝幼輿此等高遠壑達的性情，亦可從《晉書・謝鯤傳》中的好幾段記載得知：「永興中，長沙王乂入輔政，時有疾鯤者，言其將出奔。乂欲鞭之，鯤解衣就罰，曾無忤容。既舍之，又無喜色。太傅東海王越聞其名，辟為掾，任達不拘，尋坐家僮取官稿除名。」可知在永興年間有嫉妒謝幼輿的人，說他將要出奔。長沙王便要鞭笞他，謝幼輿便脫下衣服受罰沒有絲毫違背忤逆之容貌。而當釋放他時，他卻又無喜悅之色，可見他放任曠達、不拘泥之性情。

《晉書・謝鯤傳》另又記載了以下這段典故：「于時名士王玄、阮修之徒，並以鯤初登宰府，便至黜辱，為之歎恨。鯤聞之，方清歌鼓

琴，不以屑意，莫不服其遠暢，而恬於榮辱。」在謝幼輿剛入宰相府時便受黜辱，連當時的名士王玄、阮修都為謝幼輿嘆息遺憾時，謝鯤在聽說這件事後，反而唱清歌、鼓琴弦，思毫不在意，他的高遠暢達且把榮辱看得淡漠的性情不免讓人佩服，而趙孟頫則自許有如謝幼輿之胸懷，能寄情於丘壑山水間，且皆有著高遠而暢達之性情。

（3）安於常道，時進正言

鯤不徇功名，無砥礪行，居身於可否之間，雖自處若穢，而動不累高。（《晉書・謝鯤傳》）

可知謝幼輿並不謀求功名，似乎也沒有砥礪磨堅的品行，居身在可否之間，雖然自居好像穢濁，而行事不求積功高升。雖知謝幼輿忘情於山水間且性情豪放而不羈，但他卻在非玩世不恭、放浪形骸之徒，《世說新語・規箴》中記載了一段故事，是他給王敦的勸諭：

謝鯤為豫章太守，從大將軍下至石頭。敦謂鯤曰：「余不得復為盛德之事矣。」鯤曰：「何為其然？但使自今已後，日亡日去耳！」敦又稱疾不朝，鯤諭敦曰：「近者，明公之舉，雖欲大存社稷，然四海之內，實懷未達。若能朝天子，使群臣釋然，萬物之心，於是乃服。仗民望以從眾懷，盡沖退以奉主上，如斯，則勳侔一匡，名垂千載。」時人以為名言。

這段文字記錄了謝幼輿擔任豫章太守跟隨王敦到石頭城後，王敦向其傳達了不願再輔佐君主之心時，謝幼輿不認同他反而勸諫王敦試著忘卻君臣之間的嫌隙，但王敦不聽又稱病不上朝，謝幼輿則諷勸王敦說：「近來，您的所作所為，雖然好像是為了國家社稷好，但四海之內的人們，卻不能理解您的行為。如果您能去朝見天子，讓群臣們釋然，您的心意才會使人民信服。如果您憑藉自己的威望以順從民意，且盡力謙虛、退讓並侍奉君主，如此勳業可與匡輔天下者相比，美名便可千載流傳了」當時的人們都認為謝幼輿的這段話是句名言。

當然，這段故事也被收錄進《晉書・謝鯤傳》中，而後故事的發展王敦依然不聽諫言，反而與謝幼輿產生了嫌隙：

是時朝望被害，皆為其憂。而鯤推理安常，時進正言。敦既不能

用，內亦不悅。軍還，使之郡，涖政清肅，百姓愛之。尋卒官，時年四十三。

　　王敦誅害忠賢，這時朝廷中有威望的大臣被害，人們便開始為謝幼輿感到擔憂，因謝幼輿尊重禮義且安於常道，時常進獻清正之言論。而謝鯤臨政清廉肅敬，百姓也愛戴他。不久死在官署，享年四十三歲。

　　而元代趙孟頫其生平在《松雪齋全集》中多有記載趙孟頫也常有「時進正言」之事蹟，在此則不一一舉例，但可從《松雪齋全集》中的句話中：「每見必從容語及治道多所裨益」可知趙孟頫每次覲見都會從容地談論治道之術，時常令皇上很受啟發。而趙孟頫又在才氣英邁、神采煥發中顯現了其才學多聞、勇於諫言且知進退的身段，讓儘管為宋皇室之後代可能備受質疑的他依然受到皇帝們看重，如在《松雪齋全集》中有記載元世祖初見趙孟頫時「或言孟頫宋宗室子，不宜使近左右，帝不聽時，方立尚書省命孟頫草詔頒天下，帝覽之喜，曰：得朕心之所欲言者矣。」當皇帝命趙孟頫草擬詔命頒布天下時，趙孟頫能完全寫出皇帝的心聲，便知受元世祖喜愛卻有其道理，趙孟頫的學識與見識實為不凡。趙孟頫總能在提出建言時說出一番道理，便如謝幼輿勸諫王敦之謀時的剛正耿介，使趙孟頫能透過與謝幼輿一樣內在的清正，而在作品上一展清幽超然之面貌。而趙孟頫對山水畫精神「人格畫格」的追求，便可從此寄寓中可見。

四、理論與實踐：從趙孟頫畫論探討「山水畫的精神寄寓」
（一）《幼輿丘壑圖》見「古意」展山水畫之根本精神

　　收入在《藝術賞艦選珍・四輯》（1972）中提到明代張泰階《寶繪錄》有記：「古今之畫，唐人尚巧，北宋尚法，南宋尚體，元人尚意。」可知元代文人畫注重「意」，對於畫中意境之追求，趙孟頫在評論畫繪之高低時提倡了「古意」，自《清河書畫舫》趙子昂《自跋畫卷》中可見：

　　作畫貴有古意，若無古意，雖工無益。今人但知用筆纖細，傅色濃艷，便自謂能手，殊不知古意既虧，百病橫生，豈可觀也?吾所作畫，

似乎簡率，然識者知其近古，故以為佳。此可為知者道，不為不知者說也。

趙孟頫的「古意」可解讀成一種承襲古人作畫態度與氣韻，並崇尚高古簡樸且平淡而天真的一種審美標準，其中的「古、今」相對，「今人但知用筆纖細，傅色濃艷，便自謂能手」可知相較於「今」，「古」則較為樸質自然、高古脫俗，且能傳達真意，而「吾所作畫，似乎簡率。然識者知其今古，故以為佳」便知在其畫作中對於他所謂的「古意」亦有跡可循，同時也可見趙孟頫實為借「古」以開創了不同於宋代的新畫風。

趙孟頫的「古意說」既包含了對古代水墨筆墨、圖式之提倡，同時也是一種質樸自然之風的追求，包含了「簡率」、「蕭散」之意。而趙孟頫之古意並非泥古不化，他的作品在時代性中還具有創造及開拓之精神。作為一位文人畫家，他繼前代蘇軾、米芾般不單純追求技法本身，而另追求一種含蓄且超然物外的情調與意趣。如任道斌先生對道孟頫之評論：「面對拘于形式的職業正規畫，他揭示著士大夫的寄興寫意精神；面對高人勝士的遊戲翰墨，他又強調著繪畫本體的功夫修煉；面對嚴酷的技術標準，他關注著簡率蕭散的意興；念貴缺乏規則的競爭，他呼喚著傳統價值的回歸。」[21]

而趙孟頫在《幼輿丘壑圖》於〈佚失本〉上之跋：「予自少小愛畫，得寸縑尺楮，未嘗不命筆模寫，此圖是初傅色時所作，雖筆力未至，而粗有古意」可知這幅作品趙孟頫認為「筆立未至」但卻「粗有古意」，而古意則與古拙的用筆相關，但或也與置身於圖中的松林、丘壑中的謝幼輿在「典故」中所蘊含的隱逸氛圍相聯繫。方輝（2007），在一篇期刊文章《趙孟頫「古意」思想的再發現》中提出趙孟頫的「古意」其實是以尊重人性為主體的老莊精神，以及魏晉精神的復歸。此想法與筆者此研究中對兩晉時期的名士謝幼輿生平典故之回溯時，探討趙孟頫藉謝幼輿之典故以蘊含內在所提倡之胸懷時，有所同感。

21　呂瑛，〈論趙孟頫「古意說」與其繪畫作品〉，《河南師範大學學報（哲學社會科學版）》第36卷第3期（2009），頁265。

例如，趙孟頫認為「右將軍王羲之，在晉以骨鯁稱，激切愷直，不屑屑細行，議論人物，中其病常十之八九，與當道諷諫無所畏避，發粟賑饑，上疏急論，悉不阿黨。凡所處分，輕重時宜，當為晉室第一流人品……，書，心畫也，百世之下，觀其筆法正鋒，腕力遒勁，即同其人品」與《幼輿丘壑圖》中的謝幼輿之性情人品相仿，王羲之能在趙孟頫眼中為一流人品，是因其「鯁骨」、「愷直」、「不屑屑細行」、「無所畏避」、「悉不阿黨」，而這些精神是在「議論人物」、「上疏急論」時流露的，而正巧在典故中的謝幼輿也有此等天性，故可知趙孟頫以幼輿丘壑之典故入畫，對謝幼輿的觀感是正向且十分讚賞的。

而在魏晉精神正是這些名士們所表達出來的「曠達」之風，「曠」即「清虛」，「達」即「真率」；由其「清虛」故不以物累心，由其「真率」，故能尚「自然」，而不近寵辱，趙孟頫對魏晉的認同也就是對主體自由人性價值的認同。[22]而山水中有「道」，如同魏晉名士們對莊子藝術精神的回歸與張揚般，趙孟頫也跟隨著魏晉思想追尋山水中的根本精神。如方輝（2007）在文中所說，趙孟頫從探索老莊玄學之中得到古人的山水情懷，以「玄心對山水」、以「詩意化生活」看山川自然─故也就把握住山水畫的基本精神了。[23]

（二）從趙孟頫理論中見「筆意」展山水畫之文人精神

趙孟頫在山水畫的創作上，提倡師法傳統和師法自然。在山水畫的繼承上，主要可見為五代董源、巨然和北宋李成、郭熙等人的傳統；在繪畫內容上，他十分注意對自然了觀察在繪畫技法上，追求深沉、秀麗、蒼潤、含蓄、概括的表現形式，力圖改變南宋以來的劉、李、馬、夏等人以斧劈皴為特徵的剛健、挺拔畫風。為之後的元四大家之山水畫發展奠基了基礎，起到承上啟下的重要作用。趙孟頫主張在學習前人優秀傳統的基礎上，注意對大自然的觀察和感受，主張師造化，如在趙孟頫《題蒼林疊岫圖其一》的題畫詩中：「桑薴未成鴻漸隱，丹青聊作虎

---

22 方輝，〈趙孟頫「古意」思想的再發現〉，《聊城大學學報（社會科學版）》第2007卷第2期（2007），頁378-379。

23 方輝，〈趙孟頫「古意」思想的再發現〉，頁379。

頭癡。久知圖畫非兒戲，到處雲山是我師。」[24]

　而這首題畫詩中，亦可見趙孟頫在文中藉由與前人的對應，述說著自我的藝術觀點，詩中「鴻漸」指的是唐代文學家陸羽，其一生數次入幕府外，大部分時間皆閉門著書、鑽研茶事，不願出仕，可謂隱士；而詩中「虎頭」則是指晉代有著「才絕、畫絕、癡絕」之稱的畫家顧愷之。趙孟頫在首句中便說道自己雖沒有像有著「桑苧翁」之稱的陸羽一樣成為長年歸隱的居士，但卻期許自己要做一個像顧愷之一樣「癡絕」於繪畫的畫家，如《幼輿丘壑圖》便是引用了顧愷之畫謝幼輿在巖石中的典故。而「到處雲山是我師」可知山水、自然到處皆是他的老師，故外師造化、師法自然的藝術觀點便由此可見。

　於今日可見趙孟頫的山水畫大多面貌多樣，可知其在技法的探索階段中，善於廣征博集、博採眾長，向「古」學習的過程中，更在傳統的繼承上藉由對山水、自然之親身觀察，而能「度物象而取其真」，更進一步「身即山川而取之」，並在其理論的實踐中，試圖一展「人格畫格」之精神，儘管其身份的認同在「人格」之展現上在其時代性中似有瑕疵，但亦可見趙孟頫努力地在其「畫格」中盡力證明其「人格」中的

趙孟頫　鵲華秋色圖　元　紙本設色　28.4 × 93.2 cm　臺北故宮博物院藏

趙孟頫　水村圖卷　元　水墨紙本　24.9×120.5cm　北京故宮博物院藏

---

24 劉蘭芝，〈趙孟頫的藝術成就及影響〉，《洛陽理工學院學報（社會科學版）》第24卷第4期（2009），頁22。

清雅之氣與清正之心。

在趙孟頫的山水畫中，常見畫家所追求那如田園詩般的情調、如竹林隱士般的憧憬，皆似在說明趙孟頫的精神寄寓以及他內心所嚮往的隱逸生活與有著清高人品的思想情操。趙孟頫作為歷代中數一數二在詩、書、畫各方面皆擅長、精通的文人、畫家，他以全面性的文學與才華充分地表達自己的思想情感，更藉由理論的實踐，使山水在「游觀山水」外更寄託了一份文人精神在山水畫中。

而《幼輿丘壑圖》雖為趙孟頫早期繼承於唐人的青綠山水畫，但更展現細膩優雅且具士大夫之氣的青綠。畫中對於「古意」的追求與「典故」的引用呼應下，更使其青綠山水有別於唐人較為富麗濃豔的「金碧山水」而更顯得蕭散而簡遠、古雅而淡泊。另外在另一件亦被傳為趙孟頫的代表作《鵲華秋色圖》中，也可見在青綠的皴染下，更多了一份稀疏迷離之感，且書法用筆在此件作品中更趨明顯。而在另一幅《水村圖》中更可見在「筆意」的運用上，趙孟頫在生活的積累與對真實地概括取捨上，使筆墨的運用更趨於完整而統一，已初步形成了元代山水畫中較典型的寫意筆法，使畫面中成現雅逸、簡遠的風貌。

欲觀趙孟頫「筆意」中所展現的山水畫文人精神，可從其最為人所知的「書畫同源」的觀點中可以見得，在趙孟頫的《秀石疏林圖》中那飛白而蒼勁的筆法與其中的提跋：「石如飛白木如籀，寫竹還於八法通，若也有人能會此，方知書畫本來同。」相互應時，更使其「書畫用筆同源」的觀點更為確立。而在《雙松平遠圖》中亦可見趙孟頫的用筆秀勁有如行草書法的運筆技巧，便使山水畫的根本精神在趙孟頫的筆意下藉由書、畫與文章的融會，而更具備了文人畫的內涵，使趙孟頫的山水畫在「古意」的追尋中，具開創性的面目。

小結

本文藉由對山水畫的析論，探討山水畫中的根本精神，並聚焦於「典故入畫」的運用，探討畫家的「精神寄寓」。可知中國的「山水畫」並非只是再現景物的寫生之作，更具備畫家所欲寄託之情感，且隱

藏著宇宙之根本道理，等著觀者進入思索與探究。而「典故入畫」則使山水多了一份線索，使觀者有如獲得一把鑰匙般可藉由畫中典故來打開一扇通往畫家內心的大門，而元代繪畫則在「典故」的寄寓中有著更清晰的脈絡，提供觀者在畫作與文化間進行反思。故本文藉由趙孟頫的《幼輿丘壑圖》為例，對「典故」的「精神寄寓」進行探討，更見畫家對山水的根本精神之發揚與追求。

而山水畫的根本精神，現今已成為能代表著中國文人哲理思維的重要「文化符碼」（Cultural Codes），而文化符碼則透過繪畫的傳承成為了文化傳遞的媒介，使文化得以延續，另在畫中的隱喻性情思更加深並寄寓了文化之內涵。而現代水墨畫無論如何發展，實屬建立在「傳統」之上，而「傳統」的必要性在於藝術皆需在「過去」的奠基上，才能擁抱「現在」，亦可仰望「未來」，而能使藝術在文化的涵養下能更為深厚。尤其在山水精神的體悟上，使水墨成為了一種由衷而出、由靈魂向外散發的風格表現，而此種以「典故入畫」的作法使「水墨精神」得以傳承的過程中，而更具「文化內涵」。

「內聖外王，則妙得天趣」的觀念，是筆者在黃光男教授的課堂中所學之極大收穫，應知藝術的可貴在於畫中所寄寓之精神與內涵，且勝過畫外技巧之高超，而當今以「典故入畫」來「借古寓今」之水墨畫家，筆者認為黃光男教授的作品可謂具有代表性，在黃教授的作品中引用了許多典故來傳達畫中的思想與情意，尤其對畫中題詩的進一步解讀，便可見其「用典」之妙處。例如黃光男的《釋迦》畫中描繪的雖是臺東特產釋迦果，但卻題：「釋迦如來影，清風冉冉煙。」這兩句詩運用了佛陀釋迦摩尼來想徵釋迦果的形態特徵與象徵意涵，一句「清風冉冉煙」又更深化了主題，「象徵著朝拜的香火，也更暗含文化的香火新傳。」[25]此作為一小範例，亦可從其他作品的題詩中探索其畫中奧秘。

---

25 葉成漢。〈西潮情境下台灣當代水墨畫創作中的「人文」與「鄉土」意涵－以黃光男的作品為例〉。《書畫藝術學刊》第28期（2020）：頁271。

參考書目

一、中文專書

- 劉廣義著，劉正浩等人註釋，《新譯世說新語》（臺北市：三民書局，2004年初版五刷）
- 房玄齡等人撰，《廿五史（武英殿版）-晉書》（臺北縣：德志出版社，1952年）
- 徐復觀，《中國藝術精神》，上海市：華東師範大學出版社，2005年。
- 陳傳席，《中國繪畫理論史》，臺北市：三民書局，1997年9月。
- 黃光男，〈山水畫形質之研究〉，《藝海微瀾》，臺北市：允晨文化出版社，1992年。
- 關辰雄，〈導讀〉，《西洋文學典故》，臺北市：文鶴，2004年9月修訂版。
- 明，宋濂等人編，《廿五史（武英殿版）—元史》（臺北縣：德志出版社，1952年）
- 元，趙孟頫著，《松雪齋文集》，卷二（臺北市：學生書局，1970年）。

二、期刊論文

- 方輝，〈趙孟頫"古意"思想的再發現〉，《聊城大學學報（社會科學版）》第2007卷第2期（2007）。
- 呂瑛，〈論趙孟頫"古意說"與其繪畫作品〉，《河南師範大學學報（哲學社會科學版）》第36卷第3期（2009）。
- 花仕旺、任宏霞，〈中國山水畫之精神〉《安徽職業技術學院學報》第8卷第1期（2009）。
- 許心傳，〈中國典故類別〉，《語文教學與研究（大眾版）》第2007卷第10期（2007）。
- 郭蓉，〈典故研究的理論與方法概談〉《理論月刊》第2006卷第8期（2006）。
- 葉成漢。〈西潮情境下台灣當代水墨畫創作中的「人文」與「鄉土」意涵－以黃光男的作品為例〉。《書畫藝術學刊》第28期（2020）。
- 葉梅，〈從家庭影響看《書法雅言》正宗觀的形成〉，《重慶三峽學院學報》第5期（2009）。
- 劉蘭芝，〈趙孟頫的藝術成就及影響〉，《洛陽理工學院學報（社會科學版）》第24卷第4期（2009）。
- 勞延煊，〈元初南方知識份子—詩中所反映的片面〉，《中國文化研究學報》，第10卷上冊（香港中文大學中國文化研究所，1979年）
- 宮力著，〈兩件《幼輿丘壑圖》著錄及流傳考辨〉，《故宮博物院院刊》，第5期，總第229期（北京故宮博物院刊印，2021年）

三、網路資源

- 中華民國教育部（2015年11月網路第五版），《重修國語辭典修訂本》【線上辭典】。取自：http://dict.revised.moe.edu.tw/cgi-bin/cbdic/gsweb.cgi?ccd=7CAueW&o=e0&sec1=1&op=sid=%22Z00000046220%22.&v=-2

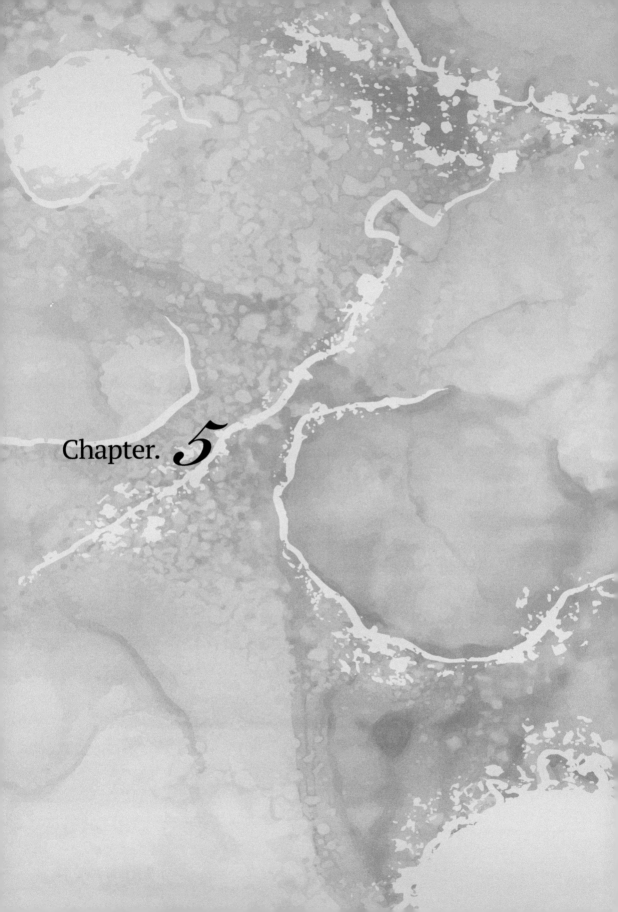

Chapter. 5

花鳥畫的理論與實踐
—以「省展」（1946-1972）為例

施世昱

一、前言

第1-27屆「臺灣省美術展覽會」（以下簡稱「省展」，1946-1972）的「國畫部」裡，曾有過一段臺籍膠彩畫家與大陸渡海來臺水墨畫家之間的競合關係，臺灣美術史研究多以「正統國畫之爭」指稱之。它以膠彩畫的沒落和水墨畫的守舊告終，是現階段的臺灣美術史定論。[1]

「省展」的舉辦自有其時代背景，影響其風格形成的原因亦有許多，然而，僅就本文探討花鳥畫的理論與實踐而言，「正統國畫之爭」或具有焦點集中的象徵性意義。在「正統國畫之爭」的脈絡底下，影響「省展」花鳥畫發展的美術理論大約是：渡海來臺水墨畫家所擁護「復興中華文化」觀點，臺籍膠彩畫家沿襲日治官展而來的現代寫生論。雖然膠彩畫家絕不反對中華文化，水墨畫家亦鼓勵寫生，然而，比較膠彩畫家陳進〈香蘭〉與水墨畫家吳筠〈蘭花〉，或是膠彩畫家盧雲生〈寒月〉與水墨畫家

陳進　香蘭　20屆21頁　審查委員

1　關於「省展」的成立與「正統國畫之爭」，參見：楊三郎，〈回首話省展〉，《全省美展40年回顧展》（臺灣省：臺灣省政府，1985年）。黃冬富，〈省展的角色變革及其因素析探〉，《臺灣美術》，第19期（臺中市：臺灣省立美術館，1993年）。黃才郎，〈五〇年代臺灣的文化政策及其時代氛圍〉，「中華民國美術思潮研討會」抽印本（臺北市立美術館，民國80年）。蕭瓊瑞，《五月與東方：中國美術現代化運動在戰後臺灣之發展（1945-1970）》（臺北市：東大出版，民國80年）。

廖遜我　丹荔　24屆02頁　第二名　陳榮輝　荔枝　27屆15頁　優選　左‧馬琛　蟹肥酒熟　15屆06頁
右‧李建唐　菊黃蟹肥
19屆01頁　優選

既符合渡海來臺之政經文化人士們的審美品味，也是新進畫家們應徵「省展國畫部」的仿效對象。例如：廖遜我〈丹荔〉以壯碩的整株荔枝樹入畫，枝葉造型繁複茂盛而近似趙之謙；陳榮輝〈荔枝〉不論是題材與技法，顯然地受到廖遜我〈丹荔〉的影響。又例如：劉笑芬〈秋聲〉（21屆32頁）、徐一飛〈菊黃蟹肥〉，這兩件作品顯然地是仿效李建唐〈菊黃蟹肥〉（圖13）而來，然而，在李建唐得獎之前亦早已有劉子靜〈菊花螃蟹〉（15屆04頁）、馬琛〈蟹肥酒熟〉（圖12）入選在先。

在競賽型的展覽會裡，得獎作品受到追仿原屬正常現象，然而，類似齊白石墨蟹之造型技法受到眾多水墨畫家模仿並且能夠接連地獲得入選，在時間跨度上或許歷時較長久了些。除此之外，吳昌碩的荷花、藤蔓、桃實，八大山人的簡筆魚藻、禽鳥等等，也都是「省展國畫部」寫意花鳥畫的模仿對象。舉凡蝦蟹花鳥與雞雛草蟲，以至於葡萄、紫藤、葫蘆等等，種種適宜於表現金石派筆趣墨韻的大寫意花鳥畫題材無不流行；尤有甚者，僅僅四君子寫意畫便在第14-27屆的水墨畫入選作品中

許深州　白鷺　16屆12頁　審查委員　　　　黃靜山　清苑　16屆07頁

累計327件，佔有比例19%。由此可知臺籍畫家在「正統國畫之爭」期間所反對的抄襲臨摹所謂為何。[6]

三、膠彩與寫生

　　在渡海來臺水墨畫家擁護寫意花鳥畫的情況下，第14-27屆「省展國畫部」裡入選了各種折衷程度不一的寫意花鳥畫，累計高達90%以上。相較之下，雖然水墨畫家們不反對工筆花鳥畫，也積極表態支持寫生創作，但是，類似章正義〈花鳥〉這樣的工筆花鳥畫在「省展國畫部」確實數量偏少了些。現象的背後，影響它之所以如此的原因固然有許多，只是，僅就「正統國畫之爭」的競合關係而言，我們或無法確認這是否是工筆花鳥畫人容易讓人聯想到膠彩畫的緣故。

　　不同於水墨畫家熱衷於寫意花鳥畫者，膠彩畫家在「省展」初期多

6　第一屆「省展」以臺籍膠彩畫家為主的「國畫部」評審意見裡即有批評「盲從而不自然的南畫」，肯定「臺灣現有的國畫」的言論。相關言論詳見：王白淵，〈臺灣美術運動史〉，《臺北文物》季刊3卷4期（臺北市文獻委員會，1955年3月5日），頁42。1946年9月12日「談臺灣文化的前途」座談會，王白淵、李石樵皆曾出席。座談會紀錄見：《新新》月刊第7號。美術史家蕭瓊瑞評述這場座談會道：「戰後的臺灣美術也是討論要目之一，……李石樵的意見，正能代表當時臺灣畫家對中國繪畫的普遍看法，那便是視中國傳統繪畫為保守因襲、失卻表現活力的一種藝術形式，而臺灣新美術運動的經驗，不啻為一新元素、新生命，甚至是『重新換過的一壺茶葉』，有助於重新開創中國的新文化。」蕭瓊瑞，《五月與東方：中國美術現代化運動在戰後臺灣之發展（1945-1970）》（臺北市：東大出版，民國80年），頁147。

陳永新　群雛　17屆05頁

余德煌　黃蜀葵
25屆28頁

林猷穆　斑鳩
16屆22頁

沿襲日治官展以來的現代寫生技法，是一種較偏屬於雙勾填彩的工筆花鳥畫風格，但是，在遭受「正統國畫之爭」的質疑下，中堅輩膠彩畫家亦多嘗試各種較富折衷傾向的水墨融合實驗。例如：許深州〈白鷺〉，他將寫生而來的白鷺鷥以較規整化的造型加以表現，背景枝葉則是運用水墨媒材繪製。黃靜山〈秋日〉是一幅延續日治官展花鳥畫風格的膠彩畫，但是黃靜山〈清苑〉則改以水墨媒材作寫意技法，只是，〈清苑〉在構圖上不同於背景大量留白的傳統寫意花鳥畫，而更接近填塞滿幅的膠彩畫全景式構圖。劉鐵岑（劉耕谷）〈小園殘夏〉以水墨媒材從事花卉草叢寫生，畫中景物眾多而構圖繁複，與傳統花鳥畫的折枝花卉或小景構圖亦有不同。陳永新〈群雛〉以水墨媒材進行寫生，背景雖有較多的留白，卻也能以土坡枝葉暗示景深空間。余德煌〈黃蜀葵〉也是一件對景寫生的雙勾填彩作品，用色雖然較輕淺，但是填滿全幅的構圖以及運用色階濃淡以表現空間層次的技法，讓這件作品與講究空間留白而留有餘韻傳統工筆花鳥畫有所差異。

　　中堅輩膠彩畫家們嘗試著水墨融合實驗，種種媒材技法的折衷傾向也影響了年輕的新進水墨畫家們。例如：林猷穆〈斑鳩〉直接以水墨媒材從事西式素描寫生，但是，將死掉的鳥類標本掛在牆上觀察入畫，顯

然地受到西方寫生觀念更大的影響。[7]林葉〈秋風〉是一件對景寫生的雙鉤填彩工筆花蟲，敷彩用色較輕淺，題材與構圖形式皆與金石派寫意花鳥畫不同，但是，由於它較忽略深度空間之表現，因此也與日治時代的「台展型」風格有所差異。

僅就「正統國畫之爭」期間的花鳥畫而言，深度空間感的表現是膠彩畫沿襲自日治官展的一種風格特徵，膠彩畫家在進行水墨融合實驗時亦不曾放棄空間表現；上述諸位日治官展即已獲得入選資歷的臺籍膠彩畫家許深州、黃靜山、陳永新、余德煌等莫不如此。這種風格特徵亦在新進膠彩畫家筆下獲得繼承，例如：黃惠穆〈戲水〉、簡玉霞〈枯木〉等。

黃惠穆〈戲水〉是一件題材與技法都較難歸類的作品。此作以公園噴水池入畫，池外圍欄旁邊的林木枝葉與鳥雀，池面上的布袋蓮等水生植物與水禽，景物眾多卻也空間層次分明。繪畫雖然採用雙鉤填彩技法，然而由於使用膠彩顏料的厚塗法，墨線輪廓因此不明顯，鳥禽造型略微模糊而貌似沒骨技法，布袋蓮等水生植物則以邊緣留水線的方式而呈現白色輪廓線。

簡玉霞〈枯木〉在光影的表現上較為著意，因此不同於黃惠穆〈戲水〉以逆光剪影法突出噴水池的造型。在西式光影素描的寫生技法底下，簡玉霞將枯木樹皮上的紋理質感，以及隨風搖蕩的棵棵莖草，一一地予以精細描繪，以精密的細節表現力逼現出更富現實感受的空間遼闊感。全幅焦點雖然僅僅侷限在畫面中心位置的工筆折枝花鳥，然而，〈枯木〉卻以全景式的構圖，企圖營造一個能夠與宋代院體花鳥畫傳統相呼應的意境空間，在「復興中華文化」的時代氣氛底下，這或許是一種更具積極性意義的復古主義。

除了膠彩畫之外，亦有著意於表現景深空間的水墨作品，例如：許尚武〈峰上雁群〉、陳和雄〈淡淡的三月天〉。許尚武〈峰上雁群〉除

7　李霖燦：「歐洲畫家所畫的魚，常是市場上一條條待人宰割的動物；而故宮收藏的畫中之魚都如在水中，活生生的浮游自如。這雖只是理由之一端，但兩相比下，其內中的意味，作畫的思想及文化的基礎，都相差得太遠了。」李霖燦，《中國美術史稿》（台北市：雄獅，2008年），頁265。

黃惠穆　戲水　15屆29頁　　簡玉霞　枯木　19屆23頁　　陳和雄　淡淡的三月天　24屆02頁　第三名

了畫裡的景深空間較大，更以傾斜的天際線營造畫面的動感氣氛。陳和雄〈淡淡的三月天〉以杜鵑花為題材，將小溪石坡以及岸邊雜草一一入畫，賦色近濃遠淡而符合空氣透視原理，較成功地表現了景深空間感。他以面對實物寫生的方式，實踐雙勾填彩的傳統工筆花鳥畫技法，既展現了現代素描的寫實功力，也能夠在筆墨技法上符合傳統審美品味。

四、折衷與創新

　　雖然渡海來臺水墨畫家積極擁護寫意花鳥畫，但是在「五月畫會」、「東方畫會」引進西方現代繪畫思潮的時空環境下，「省展國畫部」裡的水墨畫亦在年輕的新進畫家的筆下有了改變。[8]例如：江明賢〈類聚〉（圖27），畫中的八哥鳥雖然仍是傳統寫意花鳥畫的筆墨技法，然而黑壓壓一片的枝葉看似有筆有墨，卻已不是金石派書法性線條

8　水墨畫與膠彩畫之間的「正統國畫之爭」或許是一個意識形態之爭，因此，它或許也不容易以學理的方式釐清；在這種情況下，西方繪畫思潮的引進亦為「省展國畫部」的風格演變增添變數。例如劉國松即曾針對1960年第15屆「省展」畫分「國畫一部」與「國畫二部」一事，批評「國畫二部」實 日本畫，雖添加了西畫的元素，卻非真正的國畫改革。然而，蕭瓊瑞卻評論劉國松的這個論點道：「那些原被臺籍國畫家用來攻擊傳統畫家的論調，這時，已完全被劉國松認同，並加以運用。……他也承認日本畫是企圖對國畫進行改革的一種方式，只是這種方式並非正途，不會有具體成效。」劉國松言論見：劉國松，〈繪畫的峽谷----從15屆全省美展國畫部說起〉，《文星》39期（1961年1月1日），頁28-29。蕭瓊瑞的評論見：蕭瓊瑞，《五月與東方：中國美術現代化運動在戰後臺灣之發展（1945-1970）》（臺北市：東大出版，民國80年），頁176。

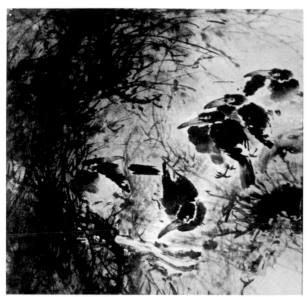 

江明賢　類聚　22屆04頁　　　　　　　　　　　　　　　陳丹誠　仙人掌　24屆14頁

的筆趣墨韻。由於筆觸眾多且糾結，個別性的書法表現力乃彼此排擠而
削弱，相對地，整體性的團塊墨韻的表現力乃獲得凸出。雖然在墨韻的
表現上，江明賢使用了破墨、積墨等傳統水墨技法，但是在書法性相對
缺乏的情況下，這種技法或許也有趨近水彩畫法的傾向。在構圖形式
上，江明賢〈類聚〉將斗方畫幅予以分切兩半，左濃右淡，畫滿全幅的
構圖亦不同於傳統寫意花鳥畫的留白；在這種構圖形式的背後，卻已是
一種不同於傳統花鳥畫的空間意識。

　　黃光男在談到「宋代花鳥畫風格之性質」時，以畫家面對「自然景
象」時的取景構圖，分析畫景為「全景、小景、折枝與瓶插」。四種構
圖原無優劣之分，都是以「物我同化之表現」為目的；其中，尤其以折
枝構圖對文人畫發展較為重要。9以此而言，若就「省展」花鳥畫加以
觀察，它較明顯地呈現出由折枝花鳥畫往小景或全景構圖發展的傾向；

9　黃光男解釋折枝構圖道：「畫幅不大，有速寫或寫生之格式，其特點亦在寫實中取其生意，……若以攝
　　影技巧而言，比小景更具特寫性，強調對象本質上綽約姿容與象徵意義，對後世文人畫重畫材之影響甚
　　大，……。」黃光男，《元代花鳥畫新風貌之研究》（高雄：復文圖書出版社，民國75年），頁33-37。另
　　參：劉笑芬，《中國花鳥畫之研究》（台北：嘉新水泥公司文化基金會出版，1973年），頁47。

其所以如此，現代寫生觀念的影響或較重要。

　　類似江明賢〈類聚〉這樣的作品是一個較極端的例子；事實上，在「省展」的審查機制底下，不論就構圖形式或筆墨技法，與之近似的作品並不太多。[10]若就「省展」花鳥畫的風格發展而言，它很大的部分仍舊是在金石派書法性的筆墨規範裡尋求創新的。在現代寫生觀念的影響下，企求一種既能夠表現嶄新的寫實造型或景深空間感，又能夠保有傳統書法筆趣墨韻的折衷性技法，是「省展」花鳥畫的多樣發展風貌之一，例如：陳丹誠〈仙人掌〉以傳統花鳥畫的筆墨技法進行即物寫生創作，賴敬程〈墨荷〉在深度空間感上予以著意表現。

　　類似陳丹誠〈仙人掌〉、賴敬程〈墨荷〉等既能表現傳統筆墨功力又能融入現代寫生觀念的作品，在「省展」花鳥畫裡也不多見，這是因為新進水墨畫家們多還來不及練就堅實的傳統筆墨功力的緣故。真正能夠在「省展」中形成風氣並獲得獎賞肯定者，是一種造型技法介於工筆與寫意之間的小寫意風格，它們的共同特徵是：以寫意技法達成工筆花鳥的精準造型，並在深度空間的表現上營造出全景花鳥畫的意境，例如：黃光男〈花鳥〉。

　　傳統寫意花鳥畫中的飛鳥多以較大面積的留白暗示鳥雀騰空，然而，黃光男〈花鳥〉卻非如此。他以河流蜿蜒的平遠山水畫法營造景深空間，前景溪畔作水仙花石，全景式的構圖景深較大，空間層次井然。喜鵲三隻，或引頸回眸或振翅高飛，不僅僅在空間的表現上異於傳統，其筆墨技法與象徵寓意亦已不是齊白石式的「喜上眉梢」。黃光男〈花鳥〉畫中景物造型準確而富有現實感，雖為寫意技法，然而花葉仍以墨線勾勒而繪製較工，全幅墨韻淋漓，空間氣氛的表現亦符合空氣遠近法。

　　在新進畫家筆下，類似黃光男〈花鳥〉般地以小寫意技法營造全景構圖的作品尚有許多，例如：程宗鑑〈閒情煙霧境〉、張毓琇〈芙蓉雙鴛〉、葉飄〈松鹿圖〉、劉笑芬〈幽谷鳴禽〉、楊增棠〈紫藤花開〉

---

10 類似江明賢〈類聚〉的水墨花鳥畫雖然在「省展」裡較少見，但是，潑墨、破墨、積墨等等「有墨無筆」、「有肉無骨」的墨法運用，在「省展」的山水畫裡卻甚為流行。

等。

五、理論與創作

在「正統國畫之爭」的時空環境裡，渡海來臺水墨畫家多擁護「復興中華文化」的藝術主張，臺籍膠彩畫家多沿襲日治官展以來的現代寫生論，兩相競合的結果，乃在新進的水墨畫家筆下產生了種種融合風貌。只是，「省展」終究是一個競賽型的展覽會，它雖然無法自外於西方繪畫思潮的影響，卻也受到審查委員們的制約。造型準確的小寫意風格最後能夠脫穎而出並且獲得獎賞肯定，在它保留了傳統筆墨技法的背後，或許也受到了傳統理論「書畫同源」的影響。黃光男〈書與畫之關係〉曾界定「書畫同源」並予以說明到：

書畫同源的條件，所指的畫大致是保留在文人畫的範圍中，有關文人畫之外的院體畫……，甚至西洋繪畫都不在此範圍內，……。

書畫同源之根源，取決於藝術家的認知與修養，即不能以純粹形式來探討書畫的本質，宜從作者人格、學識、才情上探討，才有實質的內容與研究的必要，否則僅依附形式的書畫同源問題，將是簡陋不佳的事實。[11]

由此可知，「書畫同源」理論與文人寫意花鳥畫之間的密切關係。

在現代教育制度底下，我們或許無法否認大學美術系畢業生具有文人畫家的身分，但是，現代文人所受教育的實質內涵確與古代大不相同，以此而言，現代文人畫的藝術內涵或有異於古代者。以「省展」花鳥畫為例，新進畫家們激盪於「書畫同源」與西方繪畫思潮之間，最終完成了以小寫意技法表現現代寫生觀念的花鳥畫。表面上，這種小寫意花鳥畫的新風格似乎更偏重於寫實素描造型與水墨寫意技法的鍛鍊，對於傳統文化所蘊含的藝術內涵較為輕忽，然而，它這種為形式（花鳥造型的形似）而形式的「為藝術而藝術」的創作精神，又未嘗不與現代主義繪畫的純粹形式理論相呼應。以此而言，「省展」花鳥畫的藝術內涵或許在傳統中國文化的象徵意蘊上略有不足，但是，它或許能在「藝術

---

11 黃光男，〈書與畫之關係〉，《藝海微瀾》（臺北市：允晨文化出版，民國81年），頁132-133。

反映時代」的藝術論述上有所增益。

　　若就技法形式的純粹性而言，「省展」新進畫家們多不再（或來不及）以傳統筆墨的鍛鍊（例如金石趣味的篆書）為目標，多轉向西式素描或光影氣氛之全景構圖作為創作表現之重點。由於「省展」花鳥畫在藝術內涵、創作觀念與技法實踐等等面向，都已不同於以往的文人水墨畫，它所負載的象徵寓意也將與四君子或牡丹白頭等傳統題材有所不同。

　　傳統水墨花鳥畫的象徵寓意多表現在「花鳥畫寄乎情」的情感表達裡。傳統中國文藝理論或言藝術之諷刺批判等政教功能，或言忠恕之道而不使他人難堪，或歌頌擁戴，或鋪陳渲染，或因有所比較而反思，或正面興起而奮發有為……，「風雅頌賦比興」或可概括為現代文藝理論的「象徵」功能。

　　個人的心性修為或許可以不動如山而寂然入定，但是，人的情感或不該僅僅是槁木死灰。「花鳥畫寄乎情」是通過花鳥畫來表現人類的情感，是一種人情之寄寓；有此畫外之意，乃能給予觀眾較深刻的現實感受，花鳥畫也因此實現了人際之間的互動。在這個「花鳥傳情」的藝術象徵活動裡，活潑潑的情感往往是被外物牽動著的，因此，情感的表達往往具有喜怒哀樂的多樣性而流動不羈。人情如此，時代環境亦有異同。在西方文化強烈衝擊的近、現代，寫意花鳥畫之寓興目的亦當有所改變而不再僅僅以四君子或牡丹白頭為滿足。[12]

　　黃光男曾借用王國維《人間詞話》的境界理論而針對元代花鳥畫說明道：「純粹性之繪畫趨向無我之境的自然美，而文學性之繪畫則偏向有我之境的浪漫主義。」[13]此言或也可以為「省展」新進畫家筆下的小寫意花鳥畫的象徵寓意作註解。如果渡海來臺水墨畫家以四君子表彰氣節的藝術象徵手法是有我之境的浪漫主義，那麼，新進水墨畫家們致力

12　余秋雨說：「藝術符號最容易凝固，也最怕凝固。抽象性和通用性使藝術符號在本性上已趨向於凝固，但一旦凝固，符號本應激發的審美跳躍就不存在了，它可能刺激想象的力度也急速失去，本來饒有興味的審美門徑成了不需破譯的明碼信號。」
余秋雨，《藝術創造學》（武漢：長江文藝出版社，213年），頁173。
13　黃光男，《元代花鳥畫新風貌之研究》（高雄：復文圖書出版社，民國75年），頁46。

於全景構圖的自然美或許是一種純粹性之繪畫趨向的無我之境的象徵。

六、小結

　　在「復興中華文化」的時代氣氛裡，雖然渡海來臺水墨畫家積極擁護寫意花鳥畫，但是在西方現代繪畫思潮的衝擊下，通過膠彩畫家們的水墨融合實驗，最終在「省展」新進水墨畫家筆下完成了一種以小寫意技法形構的全景花鳥畫。這個折衷、融合、實驗的過程就是藝術創作的行為本身，也是藝術創作的結果。美術理論當從創作實務來理解。

　　若就西潮東漸以來的近代中國繪畫發展而言，各種美術論點多在繪畫作品的外在形式或內在寓意之間各有偏重。清末民初美術發展的核心議題暫時還來不及提出西方現代美術所標榜的個人風格，至於傳統文人畫所重視的人品、學問、才情、思想等內在精神價值尚待評估；近代水墨發展最主要的核心議題一直是中西文化衝擊底下的激進守舊或折衷融合等形式技法問題。「省展國畫部」裡的水墨花鳥畫對此歷史性提問作出了回應，而全景構圖的小寫意花鳥畫正是他們的成績。傳統寫意花鳥畫「借物述情」或「睹物入情」的象徵手法多只殘存在寫意四君子或牡丹白頭等傳統題材裡，新時代的寫生觀念與空間表現形式已與傳統拉開距離。它不再以傳統的象徵題材作為藝術表現的內涵，轉而以歌頌自然之美的全景構圖，通過溫馨甜美的小寫意技法，創造出專屬於這個時代的花鳥畫。它或許是現代市民生活「小清新」、「小確幸」的另類象徵。

參考書目

· 王白淵，〈臺灣美術運動史〉，《臺北文物》季刊3卷4期（臺北市文獻委員會，1955年3月5日）。

· 余秋雨，《藝術創造學》（武漢：長江文藝出版社，213年）。

· 李霖燦，《中國美術史稿》（台北市：雄獅，2008年）。

· 黃冬富，〈省展的角色變革及其因素析探〉，《臺灣美術》，第19期（臺中市：臺灣省立美術館，1993年）。

· 黃冬富，《全省美展國畫部門之研究》（高雄市：復文書局，民國77年）。

· 黃光男，《元代花鳥畫新風貌之研究》（高雄：復文圖書出版社，民國75年）。

· 黃光男，《藝海微瀾》（臺北市：允晨文化出版，民國81年）。

· 楊三郎，〈回首話省展〉，《全省美展40年回顧展》（臺灣省：臺灣省政府，1985年）。

· 蕭瓊瑞，《五月與東方：中國美術現代化運動在戰後臺灣之發展（1945-1970）》（臺北市：東大出版，民國80年）。

· 第14-23屆《臺灣省全省美術展覽會畫刊》。

· 第24-27屆《臺灣省全省美術展覽會彙刊》。

附表

表一：第1-13屆水墨畫之入選件數與比例——山水、花鳥、四君子、畜獸、人物

題材 \ 屆數	01屆	02屆	03屆	04屆	05屆	06屆	07屆	08屆	09屆	10屆	11屆	12屆	13屆	總計
水墨件數/國畫部水墨膠彩總數	8/33 24%	8/31 26%	9/28 32%	19/40 48%	46/62 74%	50/70 71%	67/88 76%	48/67 72%	65/80 81%	59/79 75%	65/92 71%	31/57 54%	45/75 60%	520/727 72%
花鳥件數/水墨件數	2/8 25%	4/8 50%	2/9 22%	5/19 26%	6/46 13%	17/50 34%	17/67 25%	8/48 17%	20/65 31%	14/59 24%	14/65 22%	6/31 19%	10/45 22%	125/520 24%
四君子松/水墨件數	0	0	0	4/19 21%	6/46 13%	8/50 16%	2/67 3%	5/48 10%	1/65 2%	7/59 12%	5/65 8%	3/31 10%	2/45 4%	43/520 8%
畜獸魚藻	0	1/8 13%	0	0	1/46 2%	1/50 2%	5/67 7%	2/48 4%	4/65 6%	1/59 2%	1/65 2%	0	3/45 7%	19/520 4%
施世昱製表	1、本表以應徵入選者為主　不含「免審查」與審查委員的示範出品 2、第08屆有4筆資料因原始影印資料模糊不清　無法列入統計 3、百分比計算以四捨五入至整數為止　或有1%至2%的誤差													

表二：第14-27屆省展花鳥畫 技法 分類統計

	14屆	15屆	16屆	17屆	18屆	19屆	20屆	21屆	22屆	23屆	24屆	25屆	26屆	27屆	總計平均
花鳥松竹/水墨總數	36/96 38%	73/130 56%	63/118 53%	45/86 52%	41/88 47%	49/101 49%	45/104 43%	56/117 48%	47/112 42%	49/119 41%	70/145 48%	49/125 39%	71/188 38%	81/197 41%	775/1726 45%
雙鉤填彩	1/36 3%	7/73 10%	6/63 10%	3/45 7%	3/41 7%	3/49 6%	2/45 4%	2/56 4%	2/47 4%	3/49 6%	2/70 3%	3/49 6%	4/71 6%	1/81 1%	42/775 5%
工寫並用	0	2/73 3%	0	0	0	1/49 2%	3/45 7%	1/56 2%	2/47 4%	3/49 6%	1/70 1%	1/49 2%	1/71 1%	4/81 5%	19/775 2%
寫意	32/36 89%	53/73 72%	53/63 84%	37/45 82%	33/41 80%	33/49 67%	31/45 69%	35/56 63%	30/47 64%	30/49 61%	56/70 80%	36/49 73%	49/71 69%	63/81 78%	571/775 74%
大寫意	3/36 8%	11/73 15%	4/63 6%	5/45 11%	5/41 12%	12/49 24%	9/45 20%	18/56 32%	13/47 28%	13/49 27%	11/70 16%	9/49 18%	17/71 24%	13/81 16%	143/775 18%
施世昱製表	1、本表以應徵入選者為主　不含「免審查」與審查委員的示範出品 2、百分比計算以四捨五入至整數為止　或有1%至2%的誤差														

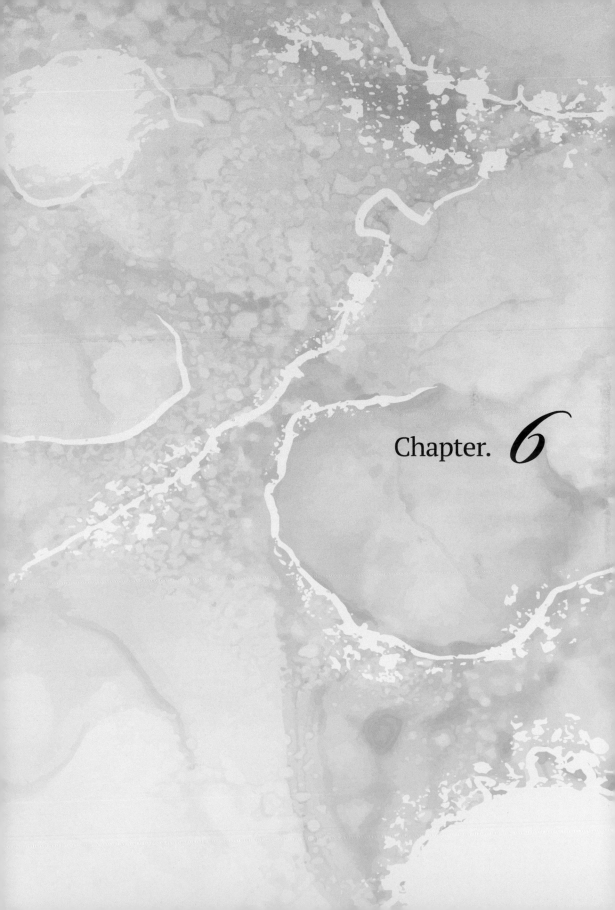

Chapter. *6*

從陳淳〈寫生卷〉看花鳥畫水墨表現技法在16世紀的一次轉向及其影響

湯玳

前言

　　花鳥畫在歷史長河中經歷過多次嬗變，社會活動、地域融合、技法探索或是某一統治者推動等等，許許多多的因素都會觸發花鳥畫的發展與變革的按鈕。

一、表現技法推動花鳥畫發展

　　花鳥畫自唐代獨立成科以來，表現技法不斷擴展與豐富。兩宋是花鳥畫的重要發展時期，宋微宗在翰林畫院「大集天下名手」，供職畫院的畫家以高超的技藝，推動了花鳥畫表現技法的發展，獲得巨大成就。五代、兩宋名家先有黃筌、徐熙，後有趙昌、崔白、易元吉等。元代墨花、墨禽花鳥畫興起，開始推崇水墨寫意畫，以錢選、王淵為當時代表。至明代院體花鳥畫一度復興，以邊文進、呂紀為代表成多元發展。文人士大夫畫家影響力逐漸擴大，文人墨戲的審美取向成為時尚，水墨寫意花鳥畫已是大發展時期。明代後期陳淳、徐渭開創了新的局面，使其表現語言有了進一步演變。清代初期的八大、石濤作為「水墨寫意派」泰斗獨開生面，後來又有了「揚州八怪」以及「海上畫派」。直至新中國成立後，齊白石、潘天壽、林風眠等為世人所矚目。

　　可見表現技法的演變始終推動著花鳥畫的不斷發展，歷代花鳥畫家在表現技法的探索上也付出諸多嘗試努力。

二、花鳥畫水墨表現技法的發展（7世紀—14世紀）

　　本文所探討花鳥畫水墨表現技法之「水墨」範疇為以「水」、

韓幹　照夜白圖　唐　紙本　美國大都會博物館藏

「墨」作表現材料與方式，設色、壁畫、木刻等表現手法不在本文討論範圍內。

　　唐代韓幹的〈照夜白圖〉可為花鳥畫水墨技法的初露頭角，作品畫於紙本之上，用水墨線描完成。畫家以精細的線描勾勒出馬的輪廓，並在其脖頸和四腿的部分以淡墨略施暈染，以鏗鏘有力的線條、筆墨表現馬的頭、胸、蹄的健壯感，馬身後部以簡約的弧線概括，方圓相濟，增強了畫面的韻律感。此種水墨表現手法也見於唐代吳道子的人物畫中，此種繪畫方法或起源於三國時代被稱為「白畫」。張彥遠在〈歷代名畫記〉中記載曹不興「〈一人〉白畫」、張墨「雜白畫以」、衛協「白畫〈上林苑圖〉」等。雖上述作品今已無從考證，但至少說明在三國兩晉南北朝時期，白畫已經成為一種成熟的繪畫形式且較為流行，到唐代發展到極致，以圖本形式出現在唐代韓幹的〈照夜白圖〉裡。可以肯定的是，白畫這一水墨表現技法對後來五代、兩宋代花鳥畫的發展，具有一定的鋪墊作用。

　　唐代畫家嘗試改絹為紙作畫，多用皮紙，紙表面有光澤，似有蠟層，色為淺黃，纖維度均勻度較好，屬於半生熟狀態的紙。仔細觀察〈照夜白圖〉所呈現的筆墨狀態，能推斷是由這樣的紙張特性所決定的。

　　從黃居寀的〈山鷓棘雀圖〉可見五代、北宋初期的黃家樣式表現技法，荊棘、竹葉均用墨筆雙勾，岩石、坡岸所用勾勒皴擦法來自於山

（傳）黃居寀　山鷓棘雀圖　北宋　絹本
台北故宮博物館藏

崔白　雙喜圖　北宋　絹本
台北故宮博物院藏

水畫筆法。鳥用墨筆勾勒加之局部絲毛法，但還未見細密，整體尚顯拙樸。

　　崔白〈雙喜圖〉中的野兔的塑造上主要絲毛為主，采用纖細勁力的用筆加之焦墨絲毛，巧配以淡墨刷毛而成，隱於柔軟起伏身體中的關節部位則是淡墨暈染，似乎看不出輪廓線。灰喜鵲的外輪廓由線條勾勒而成，鳥背用淡漠墨染，並用濃墨提染展開的雙翅及尾羽。山坡用筆幹濕結合，只在局部加以細微的皴擦，枯樹則是用濃墨渴筆連勾帶皴擦地刻畫出樹幹，再用淡墨微微暈染，這都是後來直至兩宋常見的水墨表現技

趙孟頫　古木竹石圖　元　絹本
北京故宮博物院藏

王淵　秋景鶉雀圖（局部）　元　紙本
克利夫美術館藏

法。

　　五代、兩宋的花鳥畫常用材料為絹本，畫家充分利用了絹的質地和
水的性能，大量用水來分層染墨，追求濃淡相宜的效果，因為墨色只能
有少量浸染到絲線里，大量的墨色，只留在表層，待到墨色幹後絹上的
色度變化不但小而且又濕潤感。

　　元代大量水墨花鳥作品出現並成為流行，從趙孟頫的〈古木竹石
圖〉可見再水墨表現技法被進一步拓展，書法用筆被提倡帶入畫面，畫
作以飛白書法作石，篆籀書法寫枯木，以「金錯刀」法寫墨竹。用淺淡

陳淳　寫生卷（局部）　明　1538年　紙本　台北故宮博物院藏

墨筆畫枯枝，樹梢的墨色較樹幹濕濃，顯出其蒼勁挺拔，蠹立其間：所
畫的竹，筆畫線條十分流暢，竹的兩旁畫出枝條，用墨濃潤，竹葉茂
密，以「個」字或「介」字排列，但不顯呆板拘謹，竹葉 筆筆撇捺，
既有力又含蓄。

　　對水墨筆法的高要求，是元代水墨花鳥畫的基調。竹、蘭、梅是元
代水墨花鳥鐘愛的題材，畫家們善於結合書法的筆法來表現這些題材。
元代畫家開始大量使用紙取代絹本進行創作，紙本表面略微粗糙，具有
一定吸水性，便於展示各種筆法的變化，但元紙雖入筆入墨，但是終究
筆跡不清且發毛，水墨也不向四周均勻云散。

三、陳淳〈寫生卷〉水墨表現技法與形成因素

　　陳淳（1485-1544）〈寫生卷〉依幅後拖尾自題，此卷作於1538年明
世宗嘉靖十七年。幅中之牡丹花呈正面，其用墨技巧的進一步發展值得
關注：在未乾的淡墨中，讓濃墨有限度地擴散，以及利用水筆側鋒或筆

尖蘸墨，在這一筆之中含有漸層的變化，墨逐層被紙張吸收可致層層見筆，利用這些技法營造出一朵花中的深淺濃淡，或者是葉片間各角度向背，甚至出現光影立體效果，區別於早期大部分水墨花卉的平板視覺效果，甚至直至沈周、文征明的水墨花卉作品，也沒有出現這樣的水墨視覺效果。明王穉登〈吳郡丹青誌〉評價陳淳此類畫作「尤妙寫生，壹花半葉，淡墨欹豪，而疏斜歷亂，偏其反而咄咄逼真，傾動群類。若夫翠辨紅尋，葩分蕊析，此俗工之下技，非可以語高流之逸足也。」可見陳淳的此類水墨花鳥畫在明代就已經是受到認可，並有可能出現技法的效仿者，或是形成具有一定影響力的風潮。或許陳淳並不是首個運用此水墨表現技法的畫家，但可以基本斷定是由陳淳使之得到廣泛認可並開始傳播，直至使其在水墨畫鳥畫發展中產生一次影響深遠的轉向。

1、影響因素之明代造紙業發展

傳統造紙術到了明代時期已經進入成熟階段，生產的紙種繁多，材料選用與造紙技術的進一步發展，書畫家們得以用上更能表現自己水墨技法的紙類，例如其紙的強度更大，結實耐磨，能夠承受大量的水墨，能夠表現水墨的鮮活、層次清晰。在明朝宣德（1426-1435）時期，玄宗朱瞻望對宮內製作宣紙十分重視，不惜耗費工本製作各種紙張，有造出一種名為「宣德箋（紙）」。負責監製的是江蘇松江人談彝，後來他在松江自設紙坊，依「宣德箋（紙）」造法做「松江談箋」。一時供不應求，名氣大盛。據〈滬城備考〉記載：「談箋有

沈周 寫生冊 明 紙本 台北故宮博物院藏

數種，玉版、玉蘭、鏡面宮箋為最，而談彝侍郎得捧染秘沌於內俯⋯⋯昔人謂其品（質）在蜜香、冰翼之上」由此得知，談彝或許將宮箋秘法傳入民間，各地爭相仿製，以致當時部分書畫家們得以接觸使用到此類紙。

陳淳〈寫生卷〉是紙本作品，從墨色暈染效果來看應為上述明時期產的宣紙，而非皮紙或麻紙。〈寫生卷〉中牡丹花之葉片處尤為明顯的出現了一種花鳥畫裡前所未見的水墨

陳淳　寫生卷（局部）　1538年　紙本　台北故宮博物院藏

效果，葉片的邊緣部分能看到墨跡沿著紙張的纖維擴散，且墨逐層被纖維吸收可致層層見筆。此種紙張對水墨的反應極為敏感，紙張纖維的吸水性使墨色變化微妙豐富。此種水墨效果在明以前的花鳥畫中都未曾出現過，唐代的皮紙、麻紙吸水性不足，墨色亦無法出現如此水墨暈染效果。絹本的墨色只能有少量浸染入絲線，大量墨色只留在表層。元代皮紙多為紙薄紋細且膠礬含量大，吸水大不如明代宣紙。可見陳淳〈寫生卷〉中的水墨表現技法的誕生與當時造紙業發展有很大關聯。

2、影響因素之末骨花鳥畫技法

末骨畫始于唐代或者更早，五代畫家徐熙不用線勾輪廓，只用大筆的水墨直接落墨，北宋初年的大家趙昌也採用了這樣的末骨畫法。

孫隆（1450-1475）的〈花鳥畫蟲冊〉冊頁現存于上海博物館，描繪了一隻蟬停在花草之上，有朦朧水汽之感，值得注意的是畫面中水分的運用，幾處筆法是在被水染濕的絹上用色墨筆輕鬆的暈染開來。沈周很有可能看過孫隆的畫作，他于1494年創作的〈寫生冊〉其中一幅描繪蝦蟹的冊頁，以飽含水分的墨筆和明快的末骨筆法畫出栩栩如生的蝦和蟹，準確捕捉到到蝦蟹堅硬甲殼和肢解的質感。

末骨花鳥畫技法裡面對於水的運用值得特別重視，唐寅〈六如論畫〉載：「作畫潑墨不宜用井水，性冷凝故也。溫湯或河水皆可。洗硯磨墨，以筆壓開，飽浸水氣，然後蘸墨，則吸均暢，若先蘸墨然後蘸水，被沖散不能運動也」陳淳與沈周交往甚密，因是很熟悉他的末骨畫筆法，加之末骨

孫隆　花鳥畫草蟲冊（局部）　明　絹本　上海博物館藏

畫法在當時已經流行，可見〈寫生卷〉正是使用此蘸墨法，加之末骨花鳥畫之筆法塑造了牡丹花，得之水墨表現效果。

3、影響因素之院體花鳥畫花卉塑造技法

宋徽宗統治初期，畫院曾有一條戒律：「蓋一時所尚，專以形似，苟有自得，不免放逸，則謂不合法度，或無師承。」趙佶要求畫院的畫家觀察要細緻，表現要逼真，注重「法度」「形似」，注重寫生。在其推動下，兩宋院體花鳥畫家掌握極高寫實技巧。這張南宋時期〈出水芙蓉圖〉荷花花朵的刻畫與塑造手法偏向寫實，作者通過染法塑造深淺變化、荷葉前後關係、結構向背轉折，並且有一些光影立體效果。明代畫院繼承著此種對花卉的表現技法，陳淳也一定十分熟悉院體花鳥的花卉塑造方式，其〈寫生卷〉牡丹花的塑造應該也有受其影響，通過水墨塑造出這樣的光影立體效果。

四、水墨表現技法在16世紀的一次轉向

從陳淳〈寫生卷〉可見其材料開始轉向一種承載於更具潤墨性的宣紙，表現出墨色暈染強，筆墨濕潤的特點，更值得關注的是畫家開始利

徐渭　雜花卷（局部）　明　紙本　雲南省博物館藏

用這種宣紙的特性來塑造對象，並且呈現出一種新的、區別於前代的水墨面貌，將水墨花鳥畫從一種平面的筆法表現轉向為空間性水墨塑造。

　　徐渭（1521-1593）〈雜花圖〉對此水墨技法做了拓寬，同樣是對牡丹花的塑造，徐渭並未如陳淳那樣事先考慮好造型運筆，而是以看似不規則的落筆，但能然能分辨出花朵層次甚至還存在立體感，只是不如陳淳的以同心圓的規律運筆那樣仔細嚴謹。

　　由於陳、徐二人之影響力，推動了水墨技法技法在16世紀的一次轉向，當然陳、徐二人所帶來的花鳥畫變革涉及到更多方面，本文所談論之轉向，只探討水墨技法中的一個部分，然而正是這樣一個小部分卻影響深遠，直至當代部分花鳥畫家還能因其生發出更新的水墨技法。

五、影響的畫家

　　在16世紀後直到當代，我們都可以在部分畫家的作品裡面尋跡到從陳淳〈寫生卷〉生發出來的水墨表現技法。

　　朱耷（1625-約1725）從前代水墨技法裡延伸出一種耐人尋味的水墨線條，他運筆緩慢，常用中鋒行進但有時筆會奇怪扭動著，線條看似歪

朱耷　荷花小鳥圖軸　明　紙本
北京故宮博物院藏

齊白石　六隻蝦　紙本

歪扭扭但盡力十足，隨著墨色的深淺變化，同一條線條中出現了層次個別的色調，他的作品墨團有時候很濕，水沿著紙纖維向四周化開，模糊了墨團的邊緣，與陳淳〈寫生卷〉牡丹葉片周圍墨跡效果趨同。

　　齊白石（1864-1957）的〈六隻蝦〉用水墨塑造了栩栩如生的墨蝦形象，使淡墨勾勒出蝦身晶瑩透明的質感，頭部殼甲部分使壓扁的筆鋒擺出，濃厚的墨畫出蝦的鉗和蝦腿的剛勁，用焦墨點出蝦眼與頭戟，與蝦身淡墨形成反差，蝦腿蝦鬚也通過靈動的墨線勾出，充分開發了宣紙與

周京新　遊系列　2021　紙本

筆墨的特性，並利用其水墨暈染效果來表現對象的質感特征，其本源應
也是來源於陳淳〈寫生卷〉做出的結合水墨特性刻畫對象的嘗試，只是
齊白石將其開發得更加深入並且達到一定高度。

　　當代畫家周京新的水墨花鳥畫作品也是沿用了水墨造型的技法，他
自述自己的技法為「墨線一體」，嘗試改變線條與色墨塊之間的關係，
一些評論家稱其為「水墨雕塑」。作為當代學院派畫家，周京新應該有
很好的素描功底，從其作品也能看出他較強的造型能力，他的〈遊系列
2021〉憑借極強的造型能力，落筆即能準備抓住對象結構形態，並且利
用宣紙在擴散墨色時候互相碰撞留出的白邊，來表現轉折與層次。這樣
的水墨技法不可否認其來自於陳淳以墨寫型的概念，雖然已經呈現了另
一種新的水墨面貌。

　　另一位當代畫家范治斌的水墨花鳥作品則保留了線條的支撐性，
善於處理線條與墨塊之間的關係，也許是由於有造型精確的線條支撐，
他用墨塊用筆更為放逸，筆上的水分較多以致有時候會出現看似快要控
制不住的墨團侵染開來。范志斌也是一位學院派畫家，早期應該也經歷
過嚴格的素描訓練，從他的畫面裡能明顯感受到線性素描的表現習慣，

當然他也一定臨習過許多中國傳統繪畫，在魯迅美院國畫係接受了中國畫訓練，所以他在水墨表現上更多的的來源於陳淳、徐渭的造型語言，只不過他在此基礎上又進一步生出新的面貌。

六、結語

　　陳淳〈寫生卷〉的水墨表現技法作為一個起點，開啟了水墨花鳥畫的新嘗試，後續花鳥畫家們在此基礎上不斷探索出了更多的表現形式並且還在繼續發生。因此我以〈寫生卷〉作為一個切入點，探析發生在16世紀對於水墨花鳥畫尤為重要的一次轉向及其影響。

范治斌　寫生　2021　紙本

參考書目

· 黃光男，〈宋代花鳥畫風格之研究〉，高雄，復文圖書出版社，1985
· 黃光男，〈元代花鳥畫新風貌之研究〉，高雄，復文圖書出版社，1986
· 葉尚青，〈中國花鳥畫史〉，浙江，浙江人民美術出版社，2015
· [美]高居翰，〈汀岸送別〉，北京，生活·讀書·新知三聯書店，2009
· [美]高居翰，〈山外山〉，北京，生活·讀書·新知三聯書店，2009
· [美]高居翰，〈圖說中國繪畫史〉，北京，生活·讀書·新知三聯書店，2014
· [清]徐沁，〈明畫錄〉，上海，　　　范大　出版社，1970
· 陰澍雨，〈明代寫意花鳥畫溯源研究〉，中央美術學院博士論文，2011
· 孔六慶，〈繼往開來——明代院體花鳥畫研究〉，南京藝術學院博士學位論文，2003
· 張競，〈明代沒骨花鳥畫中「水」的應用〉，中國藝術研究院碩士論文，2016
· 汪甜甜，〈明代宣紙工藝的變革對中國畫發展的影響研究〉，湖南科技大學碩士論文，2017
· 沈濤，〈論以紙代絹演進中的寫意畫發展〉，鞍山師範美院美術系期刊，2006年11期
· 劉仁慶，〈論中國書畫用紙的源與流〉，紙和造紙期刊，2007年3月第2期

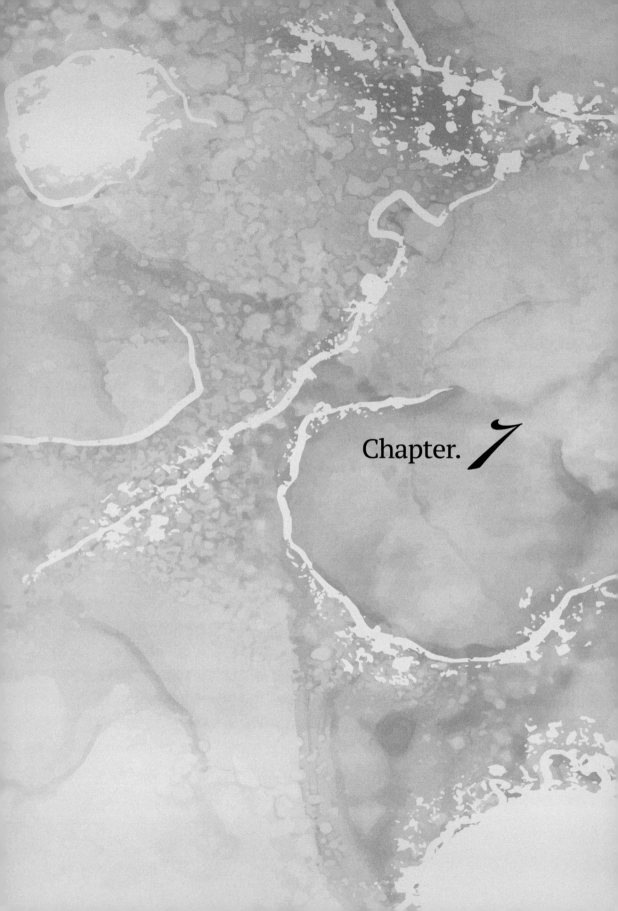

Chapter. 7

從周應願到朱簡
—淺論明代篆刻品評標準

賀琛博

摘要

　　明代各類《集古印譜》的刊行與流傳，伴隨著集古印譜而產生的序跋，以及諸如文彭、何震、蘇宣、李流芳、朱簡、汪關等篆刻家大量的創作，都反映出當時人們對篆刻藝術的喜愛。伴隨著篆刻創作而產生的印論，也得到了廣泛的發展。對於篆刻的品評標準，周應願、沈野、甘暘、楊士修、朱簡等也都作出過相應的論述。本文旨在通過對周應願、朱簡等人印論的梳理和比較，從中發現明代篆刻藝術的品評標準與當時篆刻創作之間的關係，理清篆刻藝術作為一個獨立的藝術門類，其品評標準與其他藝術門類的品評標準之間的關係。

引言

　　篆刻藝術的形成，是藝術創作實踐與理論研究的雙重建構。離開實踐的理論是空頭理論，沒有理論指導的實踐則是盲目的實踐。明代中後期是文人篆刻實踐發展的時期，也是篆刻理論逐漸體系化，逐漸成熟、深入的時期。但這一時期，理論與實踐之間存在著一定的不對應性。要考察明代篆刻理論，其中的品評標準應當值得我們關注。品評既與藝術原理及創作的美學思想掛鉤，又直接干涉著藝術實踐。明代對於篆刻品評的不同觀點，最能體現篆刻實踐與理論之間千絲萬縷的關係。關於明代篆刻的品評散見於各類印學論著、印譜序記中，後世對周應願、朱簡等人的印論分析甚詳細，但就篆刻品評標準而言未做出系統的梳理與比較。而周應願的《印說》為「明代印論的標幟」（黃惇先生語），其中提出的「篆之三害，刀之六害」，及其「逸、神、妙、能」印品，是明

代最初的品評理論。之後沈野的「五要」，甘暘和朱簡的「印品」，楊士修的「三則」、「十四格」，則延續了周公瑾的品評理論。而朱簡關於印章的「刀筆渾融」、「筆意表現說」則完全是從篆刻藝術本身的規律闡發的，也是整個清代「書從印入」、「印從書出」的一個先聲、前引，這些論述對於篆刻史都是很傑出的貢獻。另外，明代篆刻的品評標準的結構多來源於前代關於詩、文、書、畫的品評。因為在明初，篆刻作為一門獨立的藝術門類才開始規模化，其學科構架還未完善，當時的篆刻家、篆刻理論家未對篆刻本法做出一個具體的詳盡的探索與闡釋，更不可能對篆刻本法之外的奇趣做出切合創作實際的評論。

所以，明代篆刻品評標準的來龍去脈，值得我們好好的研究。

緒論

由於前面歷朝歷代文人的努力，至明代，詩、文、書、畫等藝術門類理論已經十分完備，加上自元以來篆刻創作的大普及與經驗積累，以及理論家親身參與藝術實踐，明代的印論也得到了空前的發展。篆刻藝術理論的產生和發展，是文人自用私印發展成為篆刻藝術門類的重要標誌之一，也是藝術學理論研究介入、指導、引領藝術創作活動的好例。

明代的印論可謂是全面展開，並且形成體系，其中包括印史、印式的研究，篆刻審美的研究，篆刻技法的總結與創作原則，流派考察與品評標準，等等。篆刻理論家既研究藝術的共通規律，又立足門類特點，把篆刻作為一個獨立的藝術門類進行研究；既與當時藝術實踐相映證，又具有前瞻意識。這也是明代印論顯著的特徵。

在明代萬曆中後期的印論裏，我們可以看到，篆刻藝術本身的批評理論體系已經逐漸形成。前面引言中提到的周公瑾等人的篆刻批評理論，實際上包括了各種有價值的篆刻美學觀，這些觀點也建立起了篆刻藝術自己的批評框架，形成了揭示篆刻藝術本身特徵的批評體系。

郭紹虞先生在《中國文學批評史》中寫道：「（批評）不外乎二種作用：一是文學作品的指導者，又一是文學批評的指導者。文學作品日多，則需要批評以指導，才可使覽無遺功；文學批評日淆，則也需要更

健全的批評以主持，才可使准的有依。所以前者是為文學的批評，後者是為文學批評的批評。前者較偏於賞鑒的批評，後者常傾向於歸納的和推理的批評。而《詩品》與《文心雕龍》恰恰可以代表這兩個方面。」這段論述對於文學批評十分精准。由於印章被文人所掌握的時間相對較晚，其批評的歷史自然不能與《詩品》、《文心雕龍》相比。但正如前文所說，由於其他門類的批評理論十分完善，加上篆刻理論家的藝術通感，篆刻的品評反而因其歷史短、興起快而具有了優勢。它可以按照篆刻本身的藝術規律，借鑒其他門類歷史悠久的批評理論遺產，不斷地完善。

一、淺析周應願《印說》中的篆刻品評標準

明代關於「印品」的論述最早出現於周應願的《印說》，在他的品評標準中，「逸品」作為最高標準，其次是「神品」、「妙品」、「能品」。周應願嘗在《印說》中自言自己善刻印章，可見他關於印章的論述是建立在創作的基礎上的。他通過自身及前人的藝術實踐，認真總結了印章的創作規律。他提出了「篆之三害」、「刀之六害」，認為「除此九害，然後可通於印。」他對於「害」的論述，實際上從反面設立了關於「篆」和「刀」的準則，同時也表述出創作過程中所運用的篆法、章法、刀法等各種技法的要求。《印說》中寫道：

篆之害三，聞見不博，學無淵源，一害也。偏旁點畫，湊合成字，二害也。經營位置，疏密不勻，三害也。

刀之害六，心手相乖，有形無意，一害也。轉運緊苦，天趣不流，二害也。因便就簡，顛倒苟完，三害也。鋒力全無，專求工致，四害也。意骨雖具，終未脫俗，五害也。或作或輟，成自兩截，六害也。

在上面這段文字中，周公瑾將篆法、章法、刀法合成一體來評判篆刻作品的優劣，其中突出了刀法在篆刻創作中的重要位置。其中「意骨雖具，終未脫俗」還要求用刀要表現出一種高雅的趣味，這趣味包含著書法的筆意、骨力，所以，我們可以說，周公瑾對於用刀所表現的趣味是以書法美為標準的。

類似的論述，出現在《印說》的《得力》章中：

作書執如印印泥，如錐畫沙，如屋漏痕，如折釵股，雖論真體，實通篆法，惟運刀亦然。而印印泥語於篆，更親切。

錐畫沙，與刀畫石，其法一耳。但作書妙在第四指得力，作印妙在第三指得力，俯仰進退，收往垂縮，剛柔曲直，縱橫轉舒，無不如意，非真得力者不能。

這段話通過「錐畫沙」、「屋漏痕」、「折釵股」等書論中的比喻以及書法中執筆之法的描述直接把篆刻的刀法與書法中用筆之法聯繫在了一起，也可以看出其印論的來源，即書論。

在《印說》的《神悟》章節中，周應願寫道：

一刀去，又一刀去，謂之複刀；刀放平，若貼地以覆，謂之覆刀；一刀去，一刀來，既往複來，謂之反刀；疾送若飛鳥，謂之飛刀；不疾不徐，欲拋還置，將放更留，謂之挫刀；刀鋒向兩邊摩蕩如負芒刺，謂之刺刀；既印成後，或中肥邊瘦，或上短下長，或左垂右起，修飾勻稱，謂之補刀。連去取勢，平貼取式，速飛取情，緩進取意，往來取韻，摩蕩取鋒，起要著落，伏要含蓄，補要玲瓏，往要遒勁。

這段文字對篆刻的刀法做出了細緻的描述，其中「勢」、「式」、「情」、「意」、「韻」、「鋒」、「著落」、「含蓄」、「玲瓏」、「遒勁」等詞，更是把刀刻所體現的美的意象生動的表達了出來，可以說，周公瑾的刀法論已經上升到了美學的高度，而這些精彩創作論也是其篆刻品評標準的一部分。

前文所述周公瑾的「印品」，其標準源於詩、文、書、畫品評說，他在《印說》的《大綱》章節中寫道：

文有法，印亦有法；畫有品，印亦有品，得其法，斯得其品。婉轉綿密，繁則減除，簡則添續；終而複始，死而復生；首尾貫串，無斧鑿痕。如元氣周流一身者，章法也。圓融淨潔，無懶散，無局促，經緯各中其則，如眾體鹹根一心者，字法也。清朗雅正，無垂頭，無鎖腰，無軟腳，如耳、目、口、鼻，各司一職者，點畫法也。法由我出，不由法出，信手拈來，頭頭是道，如飛天仙人，偶遊下界者，逸品也。體備諸

法，錯綜變化，莫可端倪，如生龍活虎，捉摸不定者，神品也。非法不行，奇正迭運，斐然成文，如萬花春穀，燦爛奪目者，妙品也。去短集長，力追古法，自足專家，如範金琢玉，各成良器者，能品也。

品評說早在南朝就已出現，當時分上、中、下三級九等。神、妙、能的品評方法則是由唐代張懷瓘創立。這種品評方法以神采為上，形質為基礎，包含著豐富的美學內容，對後世的詩、文、戲劇等各種門類的藝術都產生了廣泛的影響。而《印說》則首次把這種品評手段引進印論中，並通過與篆刻藝術本身法度的結合，確定了符合篆刻藝術自身規律的審美標準。在「逸品」中，周公瑾強調了「法由我出，不由法出」，以及「一身」、「一心」、「一職」等論述，更是突出了創作主體的個性，反映了「我」作為創作者的「自然天趣」。而「能品」則因「去短集長，力追古法，自足專家」，缺少了「我」的主觀創作，降為最低等級。結合前文所論述的「篆之三害」、「刀之六害」等，可以看出周公瑾是從創作主體的立場出發，以創作過程中技法的弊病反襯出法度的重要。他關於篆刻的創作論也一直貫串在他的印論中，這也是周公瑾作為明代篆刻品評理論的奠基者的偉大之處。

到了甘旸的「印品」，周應願的「逸、神、妙、能」變成了「神、妙、能」。他在《印章集說》中寫道：

印之佳者有三品：神、妙、能。然輕重有法中之法，屈伸得神外之神，筆未到而意到，形未存而神存，印之神品也。婉轉得情趣，稀密無拘束，增減合六文，挪讓有依顧、不加雕琢，印之妙品也。長短大小，中規矩方圓之制，繁簡去存，無懶散局促之失，清雅平正，印之能品也。由此三者，可追秦漢矣。

甘旸的篆刻品評已經可以看到印章本身的特點，較之周公瑾直接借鑒詩文書畫的品評，有一定的進步。但甘旸的品評卻忽略了創作者自身的個性的，並且以「可追秦漢」為終極目的，這點卻不及周公瑾高明了。

二、朱簡的篆刻品評理論及其「筆意表現說」

朱簡的「筆意表現說」作為明代代表性的印論論說之一，完全是對印章的本體進行研究，闡發的是印章本身的發展規律。

朱簡，字修能，號畸臣，後改名聞，生卒不詳，活動於萬曆後期及天啟、崇禎年間。安徽休寧人。曾從陳繼儒遊。工詩，擅篆刻，為晚明傑出的篆刻家，時譽甚高。陳繼儒評價朱簡曰：「修能精識又過之，信為六書董狐，文、何而不足道也。」後世對朱簡評價亦甚高，清董洵在《多野齋印說》中稱朱簡為「明第一作手」。可見其歷史地位。朱簡不僅是一位傑出的篆刻家，更是一位對印學有著傑出貢獻的篆刻理論家，著有《印章要論》、《印品》、《印書》、《集漢摹印字》、《印家叢說》、《印經》等，並有《修能印譜》問世。朱簡在《印品》中摹刻的漢印、古璽形神俱妙，在不斷的磨礪古印與自身的創作實踐中，朱簡以天才的眼光，發現了篆刻裏面作為本法最核心的東西，就是書寫和刀法之間的關係，即刀筆關係。在朱簡那個歷史階段，抓住刀筆關係，抓住本法來談篆刻好壞，這是有利於篆刻的發展的，在篆刻的本法沒有形成的時候談論本法之外的奇趣，顯然是不太靠得住的。

關於篆刻「筆意」的問題，自文人流派印興起之後，一直被篆刻家所關注。前文所提的周應願的篆刻創作論中的刀法論，即用刀表現印章中的書法美即是一例。另外周公瑾在《印說》中還提到：

> 玉人不識篆，往往不得筆意，古法頓亡，所以反不如石，刀易入，展舒隨我。

這裏首次提到了「筆意」，但未深究。

甘暘在《印章集說》中提到：

> （朱文印）其文宜清雅而有筆意，不可太粗，粗則俗。

沈野在《印談》中提到：

> 印章不關篆隸，然篆隸諸書，故當潛玩。

另有程遠、金光先等人也在各自的著作中提到筆意與刀法的關係。程遠的《印旨》中寫道：

> 筆有意，善用意者，馳騁合度；刀有鋒、善用鋒者，裁頓為法。

金先光在《印章論》中寫道：

夫刀法貴明筆意，蓋運刀如運筆。……藏鋒歛鍔，則蒼拙圓勁，骨格高古，更姿態飛揚矣。

在他們的認識裏，筆意作為印章美的重要因素存在著，而且筆意的存在與否，直接關係著印章的好壞與雅俗。

朱簡的「筆意表現說」顯然是建立在前人理論基礎上的，他在《印經》中首先引用了王世貞的印論：

論印不於刀而於書，猶論字不以鋒，而以骨力，非無妙然。必胸中先有書法，乃能迎刃而解。

朱簡強調了篆刻創作中書法的重要性，在那個年代，書家篆書水準整體不甚高明，朱簡提出這種理論顯然是超前的。和周公瑾一樣，朱簡在強調筆意的同時，也強調了刀刻的重要性，他說：

吾所謂刀法者，如字之有起有伏，有轉折，有輕重，各完筆意，不得孟浪，非雕鏤刻畫、以鈍為古、以碎為奇之刀也。

他在強調筆意的同時，也強調出以刀「完」筆意的過程，在他的論述中，「刀」是服務於「筆」的，是為了表現筆意的美的。他的這種觀點，從理論上把刀法提升到了一個新的高度。朱簡的筆意表現論抓住了印章中印文書法美的表現問題，他提出「刀法也者，所以傳筆法也。」又說「使刀如使筆，不易之法也。」這些論述的著眼點都在「刀」上，因為用刀來表現書法美是篆刻與書法的本質區別，這些美是篆刻中的章法和書法中的筆法都無法表現的。

由於朱修能抓住了篆刻本質的東西，所以他對於篆刻的品評標準較之周公瑾和甘暘有著明顯的差別，帶著明顯的朱氏「筆意表現論」：

印先字，字先章，章則具意，字則具筆。刀法者，所以傳筆法也。刀法渾融，無跡可尋，神品也。有筆無刀，妙品也。有刀無筆，能品也。刀筆之外，而有別趣者，逸品也。有刀鋒而似鋸牙鸝股者，外道也，無刀鋒而似鐵線墨豬者，庸工也。

他的神品是「刀筆渾融」的，是刀法與書法的渾然一體，他抓住了印章的本質，在印章本體上來論述，這種認識對於研究印章這一獨立門

類的藝術特徵，有著劃時代的意義。朱簡的「筆意表現說」也展示著明代篆刻藝術自身創作理論的完善。

朱簡的「筆意表現說」在他自身的篆刻實踐中也得到了很好的體現。

他的篆刻融合了「草篆」，別開生面，自成一家。清初秦爨公《印指》這樣評價：

朱修能以趙凡夫草篆為宗，別立門戶，自成一家，雖未必百發百中，一種豪邁過人之氣不可磨滅，奇而不離乎正，印章之一變也，敬服。

另有清末印論家魏錫曾詩與注云：

凡夫創草篆，頗害斯籀法。

修能入印刻，不使主臣壓。

朱文啟鈍丁，行刀細如掐。

何夙明嘗述尊甫夢華先生語云：「鈍丁印學從修能出。」今以朱文刀法驗之良然。

朱簡的印論及印章創作，不僅影響了之後的程邃和一大批清初印人，同時也開啟了後來的浙派篆刻。這其中影響最深的，正是他那「筆意表現論」。另外，他以趙凡夫「草篆」入印，實開清代「書從印入」、「印從書出」論之先河。雖然當時還未意識到有「個性」的篆書對篆刻的影響，但朱簡這一舉措卻也不得不說也是一個偉大的創舉。

結語

從周應願、朱簡等人的論述中，我們可以看到，理論要跟實踐緊密的結合起來，只有緊扣著實踐的具體情況來的品評才是有價值的，能促進藝術發展的。篆刻藝術發展到如今，一派欣欣向榮，可是，在前進的過程中，我們是否有明確的反思過自己呢？站在怎樣的一個立場和角度上反思的呢？我們怎麼去評價古人，又怎麼來評價我們自己呢？

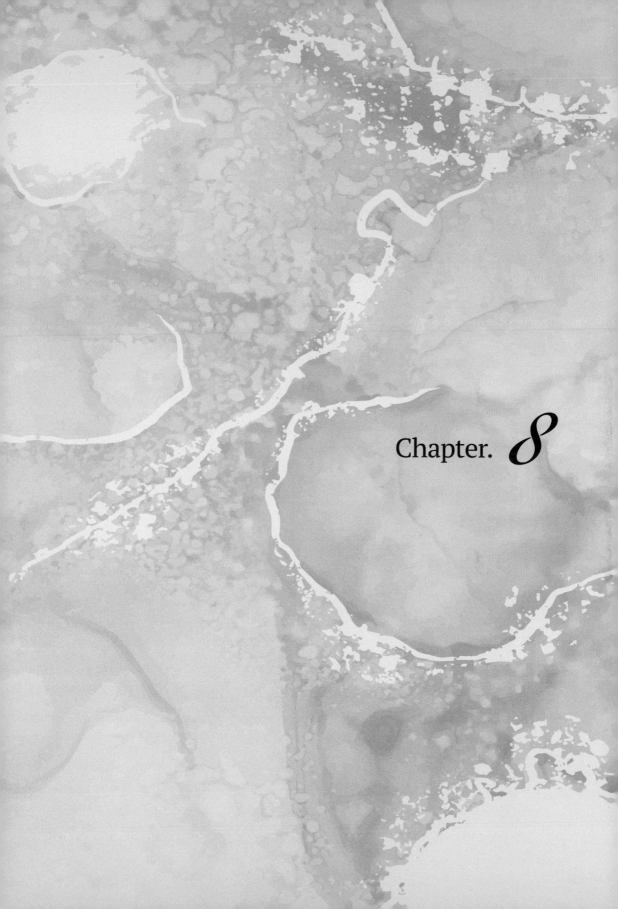

Chapter. *8*

台灣水墨畫教育與發展

黃光男

一、緒言

本文討論的目的與範圍，僅以概略式陳述。其中涉及到「水墨畫與國畫」的名稱，或是國畫正名？還是水墨畫為正詞，均不是文本要強調的範圍。僅管幾十年來有諸多學者、專家戮力於正名的議題，但在實質上的水墨畫藝術或國畫藝術所涉及的藝術美學，確是繁複而多樣的。

基於與本文概述的核心問題，就是水墨畫藝術的傳承過程，或說是這一項藝術表現的「畫種」，並不只是水墨畫的名詞可以含蓋其藝術表現的內涵，所以「國畫」一詞保留為中國繪畫藝術表現的內涵，似乎也得有傳述的空間。

好比水墨畫如果講究謝赫「六法」或荊浩「六要」的技法或畫境，我們更可以體會文化中的「經、史、子、集」中的學理，甚至有所謂的「風、雅、頌；賦、比、興」的文學內涵，加上在水墨中強調的社會性（如女史箴圖）、生活性（如韓熙載夜宴圖）、文學性（如眾多畫家畫的瀟湘八景）、以及歷史性（如歷代名畫記敘論）等等，均不是單一外在形式的呈現，而有更多更廣、更深的哲思與論點。

例如沈括（宋）論畫：「書畫之妙，當以神會難以形器求也」；東坡居士說：「論畫以形似見與兒童鄰」；甚至有更多的「水墨畫」畫家主張的：「畫寫物外形，要物形不改，詩傳畫外意，貴有畫中態」（宋，晁說之）等等的文史哲性的思考。繼而有畫論、畫理、畫境的講究中，如趙孟頫的「松雪論畫」、謝赫的「古畫品錄」、米芾的「論山水畫」、郭熙的「林泉高致」、或石濤的「畫語錄」、以及陳師曾的「論文人畫的價值」等等畫論，再加以劉彥和的「文心雕龍」、或陸機

的「文賦」、以及宋代黃休復的「四格」之說等等，中國繪畫藝術，或說是水墨畫藝術的定格，恐怕不是單一的藝術美學，而是一部更為明確文化史與文化思潮的綜合體。

基於這項看法水墨畫已不只是材質分類，與之油畫或水彩畫的單一美學表現，恐怕更為多元與深切的情境，對於要在水墨畫藝術追求美感藝術，或美學呈現的藝術工作者，是更為深層的知識、思想、個性與才華的綜合性與要求。

其次，本文所要討論的重點，除了上述理念外，我們更注意到，在台灣文化發展上，除了承繼中華文化的核心價值，所謂的儒、道、釋所構成精神層面，作為藝術與圖象的水墨畫究竟扮演任種角色，尤其在時代與環境對於文化的傳承，以及對於生活情思的表達上，水墨畫藝術的發展與學習，是否是文化的傳承方法之一，或者更為直接在生活品味上得到了精神價值的圖象。

其中以民間的宮廟文化、或居家習俗的佈置，是否成為一項精神生活的信仰，有不教卻直接感應藝術啟迪生命的信心，答案當然是正面的。幾百年前到當下，除了標榜為中國繪畫的美學力量，更精確地說是與民間習習相關的圖象，被認知、認同中有共知、共感的通體。例如祖先牌位、或佛堂供桌前的花鳥畫或神像，甚至在客廳壁上的軸圖，還是福祿壽的神像，包括歷史故事等等。

內容的鋪陳，除了道家、佛家的神像畫外、儒家人倫的記述，至今仍然被不斷的應用，如郭子儀祝壽圖，蘇東坡玩硯圖，或是孔家七十二賢弟圖，進而換鵝圖、或竹林七賢圖等等。若有龍鳳圖、虎嘯圖、喜梅圖等更有新時代、新視覺的詮釋表現，即所謂的「助人倫，成教化」之外的趣味。這種「揮纖毫之筆，則萬類由心」（唐·朱景玄）的創作。正如表現主義美學中的言論，「不是要你畫什麼，而是在畫中表現什麼」的說法。

再者，台灣水墨畫的發展、從文化傳承，歷史的必然，它應該有其傳承性的必然條件，或是民族性精神價值的認同與認知。換言之，台灣水墨畫的美學共識乃基於民族性所衍生的心靈契合，如前述的思想、情

感與習俗的倫常。當移民的漢人大批抵達台灣定居之後，除了一家大小族人外，祖先的智慧、思維、道德、信仰也跟了過來，這種情狀類似洪荒時期的氏族移居的故事一樣，除了一人、二人、家人的現實生活外，先人的生活價值與社會意識必然如影隨形。而作為文化象徵藝術創作，豈能丟棄，最多只在形式有所增減而已。

因此，以台灣自古即有蓬萊寶島之譽，漢文化隨著移民所衍生的精神心象~水墨畫便隨之入境。

若進一步追索，以水墨畫在台灣的傳承與發展當可略分為三個階段。即是從漢唐以後進入台灣的漢民族，雖無法舉出他們生活中是否有「水墨畫」的創作或傳承，但就考古資料而已，從十三行考古地的遺物中的錢幣，或在澎湖考古的唐代瓷碗古物，便可了解漢民族的文化文明中，是否也應該有視性美學的作品—如水墨畫的存有，只是灰飛煙滅，失去了較為可證實的物件。

但隨著精神文明的繪畫作品，是人類生活的寄寓符號，必然在生活中存在，並互以交流情思的媒介體。

因此，當我們面對尚可溯源的書畫作品時（書畫一體、詩、書、畫、文同格），便可發現明清以來，台灣社會文化中，它們在庶民生活中的重要文明證物。

或可分為明、清時代的台灣水墨畫發展乃至1895年之間為第一個階段；其次是日治時代，自1895年至1945年之間為第二個階段；再次則是1945年至1995年為第三個階段；以及1995年之的多元文化中的當代水墨畫發展。

對於這樣的分期，只是書寫文本的秩序，並非是絕對的標準，但在陳述中亦有互為表裡的功用，或是較為偏重與簡略呈現的地方。在在以台灣水墨畫傳承與教育為旨意。當然在此先明確說的傳承與教育之間有「同而互異」、亦有「異而互同」交互作用，或者說傳承是傳統教學的習慣與師承講究的教學法；而水墨畫教育，則是採一般學校教育的新式教法，二者之間各有重點，亦各有發展極限。

在下列陳列概述中，本文提出一些個人長期的觀察，並提及水墨畫

時代性與當代性的看法，雖然僅以簡略分述，卻亦有獻瀑之誠。

二、明、清時代台灣書畫藝術的發展

　　台灣文化傳承中，水墨畫藝術，往往在性質上包含了書法、詩歌與篆刻的聯結，即是中國藝術中所涵蓋的「詩、書、畫、印」一體的綜合性藝術美。本文則以台灣水墨畫為題，乃著重於繪畫部分，然書詩畫本源於一，因此書法與題款、用印，亦可能在本文陳述的內容之中。

　　首先我們所審思的時空部分，乃基於書畫藝術之於大眾生活中，應有二則關係：一則是知識分子（文人）的休閒生活與精神文明的寄情；再則是一般民眾的信仰與應用。二者之間的應用層次雖然不同，但文化象徵與文明生活都是很雷同的。

　　提上這項理念，旨在明、清兩代近五百年來的漢人移民，就是中國書畫藝術傳承的主角。當一批批來自大陸，並以民族性、文化性隨著生活的需求而有隨之而來的文化傳承，人類最高級的價值認同與意義，也隨之被重視。重視並非必要，但卻是必然的過程。試想：「忙中求生、閒中求境」，這個「境」絕對是精神文明的記憶與追求，即所謂人間生活要面對的理想，從書畫中的境界探求生命的趣味，因為書畫藝術的表現中，有思想、知識、哲思與記憶，也是學習、體悟、實踐、理想展現的符碼，其珍惜份量更高於物質的擁有。

　　既有隨之移民而來的文化傳承，對於書畫藝術的開展，除了近年有更多的學者發掘新的文獻外，從過去數十年來，專家學者所應用的文件展示而言，水墨畫藝術究竟如何在寶島得到良好發展環境？在此略分為三個層次來說明：

　　其一，是移民群體中，有知識分子、或本身即是「文化人」的身份，他們原本就是在朝為官者，或被命為經營台灣的士紳，在移民前即有藝術美學的素養，包括「詩畫琴棋書酒花」的涵養，並作為修身養性的日常功課，雖然公務繁忙，但也是一項自我提昇精神生活的指標之一，而且這層知識分子，身兼有導引大眾生活的示範作用，不論以政令宣導或以身教為典範，如何使百姓取法手上，則是他們的責任。所以這

群高級知識分子，或稱之為士大夫的層級，書畫的學養基本上是不陌生的，而且作為一種典雅的身份時，這項專長豈不就文化傳承的部分嗎！

況且士大夫的畫（包括書法）就是文人畫，「文人就是文人藝術」、「士大夫的藝術跟士大夫的從政很有關係」，（方聞語）。當諸多文獻陳列在前時，便可理解士大夫是儒教所衍生的文化理念，其「學而優則仕」或「士不可不弘道」的精神指引時，這一層級的知識分子他們除了為官護民之外，更要以文人的特性教化大眾，那便是藝術修為與涵養。

這一層級也是台灣水墨畫藝術發展的重要動能，若從文獻看晚清的周凱就是來台為官的仕紳，與之相當的文人入仕者當亦有以藝教化功能的情狀。

其二，是士大夫階段，作為友朋往來，詩情論畫純為藝術教育與書畫藝術教學有關之文人雅士，我們稱之為私塾教師或視為書院教席。也是「傳道、授業、解惑」的孔門傳人。具有教化大家的任務。當然他們的學養為上，而具備文人的「遊於藝」的修為確是深邃的。

這一階層也是台灣水墨畫傳習最大的工作者分佈在全台各個城鄉，例如台南（府城）、嘉義（諸羅）、鹿港、新竹、大溪、板橋、淡水等，並以私塾或書院為基地，展開「六藝」為內容的教學。所有修身養性則在藝術的教導，例如板橋林家（本源）有所謂的「三先生~即謝琯樵、林朝英、林覺」的入駐，以及各地文士的參予，水墨畫藝術也成為台灣文化傳承的重要過程。

過程中，文以載道，或借題發揮，使畫中有話，畫中有情，以松、竹、梅、蘭為四君子，加上蓮、松為六君子的象徵或作畫的題材，一筆一畫均有一定的講究，更具體的說之一傳統之道，仍具有古典文哲的意涵，畫家或畫作儘管外象同形、文意或畫情卻有不同，視創作者的情思而有不同的表現，有時候賞析畫的內容，亦得了解創作者的身份與地位，包括學問、道德、為政或思想的傳播。當今尚有很多「畫件出現」的同時，台灣水墨畫的傳承與發展，須要有更精確的認辨與分析，才能洞悉藝術發展的源起與價值。

其三，是畫工的影響，或許可以稱為民間服務的繪畫工作者，除了以技巧，或固定的粉本（模本）為工作的重點外，他們的貢獻則是傳統水墨畫技法的保存者，也是某一層次的服務者。傳統巧法，有如芥子園畫譜所規類的形式、既清楚又簡便的圖像，並把中國繪畫形式有系統的歸類與應用，例如山水畫中一定要有涼亭，仕女畫中一定有柳條陪襯。有山有水、有雲有煙等等依規作畫以應庶民生活的需求。

另一項則比較有宗教色彩的人物畫，例如觀世音菩薩像，或佛祖彩仔的莊嚴法像，以及三清圖，玄天上帝等等甚至是宮廟門神等至今都以「範本」見世。此文被稱為廟繪藝術，或作為基層生活的需要，而把水墨畫另一類項保留下來了。

當然這些水墨畫的「畫技」是有很好的本領的，包括堂號廟軒的書詩，他們都有足夠的技巧問世，而且保留中國文化間的流行與運用，也是不言而喻教化心靈的圖象。這一層級看似「畫工」的水墨畫藝術傳承甚廣甚遠，也甚為文化原本功能化的意涵，不只在明、清時代，即便在日據時代的五十年，雖愛到壓抑，但宮廟或家庭「佛祖彩仔」的畫工們仍然具有其不凡的意義。

這些「畫工」或說傳承這項技法的人，除了作為文化有形圖象的畫法外，尚有一件至少仍然活躍畫壇的裱畫店，這些「畫工」們通常也在水墨畫展的裝裱上有傑出的表現，也是水墨畫展示的裝飾師，在色彩、形式護畫以及維護的技巧上，等同傳遞中華文化，或稱之水墨畫美學的保護者，甚至視為傳統文化的維護者。

裱畫店與畫工，或畫工與裱畫店所講究的藝壇倫理，豈只是為水墨畫裝裱的技巧嗎！他們所承受的藝術美學更直接更明確了解文化特色與繪畫風格的深層美學。

三、日治時期台灣水墨畫現場

前述台灣數百年來的文化基礎，中原文化的承繼與發展，是根深蒂固的社會，不論文化內容或精神文明，都與中原文化息息相通，不僅僅是水墨畫美學的發展，其他藝術也來自生活閒適與生命價值有關，除

外的北管、南管音樂，或戲劇內容與戲種，也在出將入相或除惡向善的主旨上立象，甚至年節民俗的慶典與藝術有關的事物，均傳統文化為基調。

　　諸此種種，即便在日治時期，台灣社會僅管受到被殖民的關係，更換取民間文化意識的覺醒，有關漢學的研究反而更加著力，尤其地方仕紳，紛紛自福建、廣東等聘請師爺，或自組畫廊、詩社等，並以漢文化作基礎，有種「固本」的意涵，例如民俗雕刻家李松林先生，宮廟彩繪家陳玉峰先生、詩人黃金川女史等等，都在強而有力的文化傳承氛圍下，沿襲漢學的精髓。

　　如此現象當然是受到社會變化、外來政權的影響，更加強了自身文化的認識與發揚。遠的可追溯唐宋時期，包括居住房舍或城鎮造景，漢文化的影響，事實上仍然以中原文化為依歸；近的情狀，應用水墨畫或彩墨（有色畫筆）記錄台灣原民生活的圖本，在在證明，日治時代，包括19世紀到二十世紀中華的藝術發展情況。在這裡我們要指出的是，50年的日治時期，台灣水墨畫有何發展，是興盛還是停滯？持平說來，有下列幾項特徵：

　　（1）水墨畫延續在民間私塾或書院的教席繼續進展，尤其前述的「畫工」、「士紳」、「文人」仍然作為生活的精神力量，賞析畫境或故事可以得到心靈的寧靜，雖然不被公辦活動的推崇，也沒有受到太多的阻礙，儘管日本政治正積極推新文化，（當時日本正在明治維新運動）尤其台灣作為此項運動的首要目標，傳統的水墨畫是被革新的對象。但對於原有的生活文化卻也沒有特別壓制，只是任其存在與留存。所以在日治50年之間，台灣水墨畫仍然得以運作。

　　（2）包括日本文人畫的研習，從日本人來說以書畫作為修身養性的「修道」是儒家精神內涵。因此書畫對於日本文人所服膺的是文人的內在修養。長期以來，日本從大化革新以來到陽明學說的吸取在倫常、修身的定、靜、安、慮、得，水墨畫便有此項修為的力量。

　　所以台灣日治時間、讀書人、或稱知識分子，以此項藝術創作為社會意識主流，仍然是存在民間的各個角落。雖然這些隱性畫家，並不在

乎社會的肯定，是否足以為典範大師，卻成為「南畫」（日人所稱的文人畫）所堅持的文化象徵，也是自我修為的藝術創作。

（3）由於一切要追求進步與創新，除了政治、經濟、軍事力求強國道路上前進，文化、藝術也得跟著上來。

明治維新時期的藝術發展，大批的留學生到西歐學習藝術，除了引進當時正發展的現代性繪畫，以印象畫派和表現主義為美學的主體，應用實作於科學分析或現實寫生為改革原本，只有傳統筆墨的東方繪畫，尤其水墨畫的類項。因而除了西洋畫的畫法外，不論在日本、或被殖民的台灣，熱衷於水墨畫法者，不再只求筆墨的順暢，更在乎視覺性的真切景物，並開始思考水墨畫的境界是否有如西洋畫的鮮活，至少開始了「寫生」（日人所稱的文人畫'）為主調的水墨畫法，不再在「模式」或「固定」題材為創作的標準，甚至開始強調「寫生」的新視覺，以及時代性的景象，也強調專業畫家對於新視覺景象的尋興美感與表現。

在這項美學的形質的新經驗下，有了展覽會的加持，爭求水墨畫創作的結構美、社會美以及圖象美，希圖把傳統水墨畫的形式轉向，朝向具有時代性、社會性共感的作品。

果其然入選或得獎的作品，在水墨畫創作上絕少有傳統的畫法出現，儘管依其筆墨功夫有駕凌平凡之作品，只有極少數作品被留存，而以「專業」的寫生作品，則大大被選為獲獎之作。

其中如三少年的林玉山、陳進、郭雪湖的畫作，亦創就台灣水墨畫在日治時代的典範畫家，再者林之助、許深圳、蔡草如、陳慧坤等名家，都在「專業」領域上建立台灣水墨畫的新境界。

這項專業是比照西洋畫面對實景描繪的主張，全心貢獻畫境豐盈的藝術工作，不是傳統水墨畫只求個人感受而興起作畫的作品；換言之，更接近學院派學理、美學、時代、環境共組的美學視覺，且有推陳出新的景象，並在新題材、新意向的創作，雖然仍以較重的彩墨作畫，仍不失以筆墨優質表現的作品。這期間台灣的水墨畫的創新美學，與日本本土所倡導的忠於現實景物，純粹美感的發掘的理念是相同的。

與之同時的日本畫家如川合玉堂、竹內西鳳、橫山大觀、川端龍子

等等的畫作有水墨淋漓者、有重彩工整者、有裝飾典雅者，均在時代的環境裡尋覓新視覺的美感，也是新潮流中美術運動的創作。

台灣水墨畫家除了承繼傳統的詩書畫合一的精神，與日本美術在維新運動儼然沆瀣一氣，至少將水墨畫以現實景物作題的畫法，被歸為「東洋畫」或「重彩畫」的類項。

若再仔細推理，他們的畫作有了新意象、現實題材，顯然令人感受耳目一新，卻也很符合五代、宋代院體畫的風格，也在宣和畫院提倡求真得理唯美的美學原理遇合，若推理所得這些畫作除了描繪題材不盡相同外，應該是工整的院體畫，也是工筆畫、專家畫的重生或再生。

很不巧的這項作為時代新視覺美學的創作在台灣光復後，一切都得恢復中華文化運動中被歸為東洋畫或日本畫，引起了國畫或彩墨畫名稱之爭。

不過美感或創作在於作者美學素養層次的表現，好作品在於生命蓬勃的展現，也是才情哲思的寄寓，現在再看此時期林玉山、陳進等大家的作品，仍然感受他們的技法、想法、美感呈現、有重大的突破、開創、並與生活環境的描繪息息相關，仍然可以在畫面中承受文化濃度與美學溫度。

（4）日治五十年的台灣水墨畫，受到新時代社會發展的影響，除了傳統技法傳習之外，承受更為完整的美術教育制度。日本教師依國際美術發展教學，大致都以自然景物為客體，台灣的畫家除了未能尋找與社會性相關的題材外，甚至了解「本土性」的自然景象是較純粹的美感主張。也就是說不碰觸政治問題或社會現象。有之，只是偶發遣與罷了，因為被殖民的文化現象，在於自身修為，雖然也積極配合政策的宣導，創作一些應景的畫作，但大部分傳統畫壇以書畫自娛者有之，或為人際往來酬禮有之。當此在民間自修或作為酬禮的書畫現場，依然有文人畫、民俗畫、年畫、應景畫的出現，不是主流藝術創作；顯現著民間某一情緒的抒發，卻也保留了水墨畫創作新意念前的文化因素，對於日後臺灣光復銜接的書畫發展，有不少的啟發作用。

四、台灣光復水墨畫教育

　　自民國卅四年台灣光復後，國民政府遷台的時間上，正是以恢復中華文化與中華文明的急速時代，一方面是恢復中原漢文化為使命，另一方面則長期準備收復大陸的政策，二者相加的社會氛圍就有很政治性與社會性強烈的文化政策，包括與日本統治時的教育南轅北轍；及在光復大陸的有力主張：復興中華文化作建國、復國的中心思想。半世紀過去了，就台灣水墨畫作為文化政策中的藝術教育，在此可簡述些許發展的現象，或也可從中了解台灣在傳統文化復興運動的梗概。

　　大約是1945年後至1985年之間，國畫一詞始終作為中華文化復興的重要名詞，雖然在5、60年代有名詞之爭，甚至把後被歸類為膠彩畫為國畫第二類時，「國畫」是中國繪畫的形式名詞，後來諸多學者主張國畫的類項很容易被標為中國的，那麼亞洲諸多國家也畫這類的創作，他們是韓國人、日本人、越南人、馬來西亞人…就不宜以國畫一詞，而以材料的水墨畫代替，雖然不盡理由，因為國畫中的主意、構圖、筆墨、題詞、書法、用印都是國畫的內在意涵，水墨畫一詞難免失去簡略。但爭議較小，也通於國際間的油畫、版畫、漆畫、漫畫等等，水墨畫一詞於焉始成，在此不再討論水墨畫名詞的含蓋性，只以光復後水墨畫傳承（教育）作為文意闡述期間或有疏落之處，仍以下列幾個階段略談水墨畫在台灣光復發展的狀況。

　　光復後的十年期間，台灣社會處於動盪不安的景象，除了重建社會秩序，導向中原文化的任務，積極推廣土地政策、農業產業，甚至提昇工業升級，並穩定金融秩序外，以教育為主軸的政令，其中恢復中國人、中華文化的認同，以祖國文化為基礎，結合原本移民到台灣的漢民族的情感恢復禮儀之邦、並研習中華文化中的歷史、學術、藝術或民俗的銜接。

　　這項政策積極推進，顯而易見的以「國」為單位的有國語、國樂、國音、國劇、國畫、國文等，希望中國文化就此恢復，並及四書五經、或六藝等等國學的重建。事實上，這些原在日據時代，雖沒有被特別提起，但民間的「漢學」在私塾或書院中，甚至習俗並沒有斷落，甚至還

有很多知識分子、或心繫中原文化的志士，加倍以漢文化教育子弟，所以台灣光復後的文化銜接並沒有太大的困難，加上與地方仕紳共同為社會發展提出積極性的政策。

本文旨在討論台灣水墨畫發展狀況外，其他重大社會變化的始末在此略過。而作為文化的政策，恢復中華文化中的水墨畫正是被推展的政策重點。茲分列於後：

其一，把水墨畫（國畫）編入美術課本，其比例與分量佔了相當大的百分比，內容則以當時自大陸來台的畫家作品為主，如張大千、黃君璧、溥儒、傅狷夫、或梁氏兄弟的畫作為例，大致上除了表明是錦繡山河外，君子之道的象徵都列在課本中，使學生因為學習畫作而進一步深化愛國思想，突顯復興中華文化的使命感。

其二，積極並鼓勵，以繪畫作為休閒生活除了半官方組織的文化團體畫會，如中國文藝協會、中國美術協會、中國畫學會、中國書法學會等，作為提倡國粹的民間單位，更舉辦了作品發表會或參加了競賽的活動，以發揚中華文化為基礎。並在政策的鼓勵下，傳統水墨畫的活動方興未艾，甚至引領全國第五屆美展，以示代表全中國文化的正統。果其然，一直到了退出聯合國之後，類似活動才稍緩慢。

與之同時各個縣市對於以個人或私人團體組成的畫會，也成為台灣水墨畫發展的重要組織，這項組織被鼓勵或被允許的原因，與政府在抗戰時期文人、畫家散居後方各地的活動有關，也與繪畫史上自古以來的文人雅集有傳承關係。至少，以文會友演變成以畫會友都具有一種傳承的意義，尤其這種悠遊閑適的高度文化生活，也助長了水墨畫在台灣的成長。

其三，知識分子提倡傳統書畫，或是文人雅士的杏壇論道，也是台灣早期水墨畫興起的原因，這群文化精英，雖說是自娛娛人，然他們都是社會的精英份子，有一言九鼎的氣勢，而且居廟堂而言重品高，這項活動的舉辦，自然有風行草偃的功能，好比「七友」組成的馬壽華、高逸鴻、劉延濤等，或「八朋」之友的傅狷夫、林玉山等，中國書學會的于右任、劉延濤等人，以及篆刻書畫合一的吳平、王北岳、王壯為等不

勝枚舉，由於他們的參予，就是文化深度的展現。所影響文化藝術界居功至偉。

其四，是培養高級文化人才，以及培養師資的台灣師大、文化大學、復興崗政戰學校、台灣藝術大學、台南、台北藝術大學的成立，除了藝術教育所須師資外，培養畫家的學府從師大開始，到近代的各類畫家，甚為普遍人才儲備或應用，都是水墨畫發展的動力。乃至高雄師大、新竹教大、屏東大學、台中教育大學、台南大學或清華大學等設置相關系所的課程，也助長了水墨畫的發展。

其五，與之相關的繪畫理論，亦應運而生除了傳統畫論的詮釋，如藝壇雜誌、或是媒體副利、或西方學者論水墨畫的理論與實踐比比皆是，如虞君質、曾瑜、李鑄晉、曾幼荷、艾瑞慈、高居翰、王季遷、王方宇、姜苦樂（澳洲）、蘇立文（英）、張隆延、雷德候（德）等等學者的論點，也帶動台灣水墨畫藝術的澎勃發展。

諸此等等台灣的環境，事實上是中華文化傳承的明燈，將近半世紀來，傳統的書畫再行提昇，並且備國際級的學者與畫家，例如方聞、傅申、馮幼衡、石守謙等的論述、或張大千、劉國松、傅狷夫、黃君璧、趙無極、朱德群等作品，都是從傳統到現代的水墨畫或現代性繪畫名家。

五、當代水墨畫在台灣

光復後台灣水墨畫發展，上述已列其大要。此段命題直接轉到「當代」的時空，似乎有點跳躍式的陳述，也忽略在傳統與當代之間常常是相輔相成的。傳統中夾有現代性的創作，現代水墨也有傳統美學的原素，或者說並行而無違行的發展，再傳述水墨畫的變易，應注意到文化呈現的整體，而不是單一或個別事件。

若從文化政策的執行，以復興中華文化過往，自1960年代就有不少變化。在60年代前後，台灣社會開始了現代化的需要，大約介於國民教育的普及，以及在8.23砲戰與越戰的發生，台灣處於國際間趨向民主思潮以及民主、自由的主張、有關科技工業、或國際關係的頻繁交往，進

步現代性的社會正在興起。

與之相關的美術思潮亦應運而生，突破傳統、或列為創意的藝術正符合民主思潮。除了引進國際間超時空的繪畫思潮外，對於傳統的約束，也有了明心見性的主張，此時先有現代畫的抽象意涵，又有超寫實的造景，以及觀念主義的引入，都受到國際風潮的影響。

這種氛圍，就是促發美術全面發展的先聲，除西方人研究中國畫外，也以西方美學印證東方祕密主義的創作，例如水墨畫中的禪畫、寫意畫或是文人畫是否也有新的形式，作為現代性的水墨畫出現：答案是正面而且積極性極強。

首先而起的是五月畫會的成立，又有東方畫會的參予，甚至現代畫會等不同名稱的繪畫團體，希望台灣畫壇能夠從傳統中走向世界，包括參加巴西聖保羅雙年展、或國際間的現代性展覽。而參予的人除留學國外著名學府外，也有繪畫思潮尋求「現代」、「進步」的創作方向。在此我們可以提出幾位與水墨畫相關的藝術家如莊喆、劉國松、李錫奇、黃朝湖、蕭勤、或趙春翔等等名家，他們除了作品有了全新視覺變化、在水墨畫採自由、自動技法、更按「現代畫」的造景、卻也保持以「墨」為主的玄思美感，有別於傳統來看便知道的形質，不再是筆法技巧，而是心法舒情。在當時文化政策以「傳統中華文化」的旨意有相當大的衝擊，因此發生了不少維護「正統」的運動，或全盤傾向現代的創作方向。

當然有省思就有改變，有改變就有機會。傳統水墨畫的表現依然強盛，現代的水墨畫亦來之興旺，更多元的創作理念，也造就台灣水墨畫新生的力量。這道力量在擴大、也在更新，雖然在作品的呈現上有不少格格不入（習慣性的認同），卻也充滿了無限的活力。加上台灣社會的民主意識，以水墨畫來說，它的進步是正面的，也是積極的。

例如1960年代所標榜的「畫外畫會」，1970年左右的「方井畫會」，或是更為自然修為的水墨作品亦層出不窮，如陳其寬、管執中、朱沉冬、嚴振瀛、姜一涵的現代性水墨畫，也構成為藝壇的新興運動，當然在香港、在美國的藝術家如丁衍庸、曾幼和，或是王季遷也參予

「現代」性的創作。

　　與之傳統水墨畫比較，固然有不少的形質改變，但保持東方美學的神祕主義，如禪意、寫意、隱喻、明說以及變易的藝術風情，事實上是沒有太大的不同，只是現代性有新的經驗，傳統有不變的美學原理，在各自研究發展之後，兩股力量交織了台灣水墨畫多元表現的現象。相關此現象的發生，亦得有下列因素可審視。

　　1. 學校課程與教授教學，是影響水墨畫表現的主因。教授教他所能、所長。當下仕美育思潮國際化的年代，年輕教授都接受過「現代」思想的洗禮，自然會傳授水墨畫的時代性，並探求與國際美術思潮同軌。學習者在基礎（傳統）技法上有了能量，何妨在水墨畫形質力求突破。加上旅外著名學者回國授課，如傅申、徐小虎、馮幼衡、高木森等人的投入，在東西文化中，突顯水墨畫在當代創作意義。

　　2. 社團的組織，在台灣有關水墨畫畫會的組織，恐怕不下數百多個社團，雖然大部份都是以畫會友的休閒論藝，但且有強烈的美學主張，得因志同道會的宣示以現代為創作精神的精英團體，也助長台灣水墨畫的發展，例如國際水墨畫學會、海峽兩岸三地畫展、南部的現代畫畫會、兩極畫會或是北部傳統新韻畫會組織都有團體堅強的領導，以及優秀的畫家參予活動。在互為激勵、互為支持的行動中且有現代美學素養的藝術團體，已超制式性的結合，而有大開大闔的氣勢。

　　3. 美術館的影響，美術館的教育功能擴大為美術教育的服務範圍，也是主導美術館運作的主力。它不但是藝術品的典藏場所，更是美學開張的發起者與實踐者。

　　當美術館為了活絡該館的教育功能，或提倡「當代」性的風格時，它所規劃的年度展或雙年展，便可引領風氣並建立品牌，提供創作者表現的機會。

　　台灣現代水墨畫展，以及台灣國際水墨畫展在台北市立美術館曾舉辦多次，所徵集的水墨畫作品，包括來自日本、韓國與東南亞、美國等國際人士的參予，具有官方提現代水墨畫的象徵意義，事實上也蔚成水墨畫藝術的現代性，提昇文化生活的新力量。

以美術館或博物館為主辦單位，符合文化政策實施的時代意義，諸如國立歷史博物館曾水墨畫作品分別在歐美的博物館展出，廣受推崇的東方美學精神，可在台灣水墨畫表現上實現。

4. 畫廊經紀的策畫，雖屬私人性質，或是民間自發的推展，若以台灣水墨畫展品除了有系統被推出展覽外，如何行銷水墨畫美學與藝術美，得有專業的經紀人或策展人的籌劃，方能體會或了解其美感不盡之處，才能在水墨畫的情理、得到心靈共鳴，務其「理入而態盡」的妙趣。

所以當高行健墨氣淋漓，玄理妙趣的水墨點出現在眼前，便有文氣哲思之圖意飛撲過來；看到劉國松印證時空美感符號，便有種宇宙天、地、人的六合之廣闊；看到袁旃的歷史符號重生，引入新時代的時間再起。

在此，可以預見的是現代性或當代水墨畫是東方美學的特質，也是文化中別於西方實證的玄思藝術，有時代、有風格，不僅早有神格化傳統的表現，也是與俱進的藝術美學的再生。藝術美學隨著社會的發展而改變、隨著大家知識深度而精進，不一定有標準卻一定有水準的創作品水墨畫美學豈只定於一尊。

六、小結

台灣水墨畫教育與發展，不論是文化傳承之必然，還是社會意識之結集需要，在文化性質上，中華文化的內涵，東方美學的詮釋，或作為時代性的獨特風格，並滲入不可抽離的知識、思想、情感、歷史與社會的要素，水墨畫的形質當然隨之改變，亦隨之表現「東方主義」的人文價值。它繼續在傳統與現代的美學意義上，交織新的視覺、新的創作，優劣之分也在創作者的美學涵養、相信它是前進的、也是積極。

不過本文撰寫只是略分為幾項重點、未來要再深入詮釋其時代意義，應當尚有下列方向，因為藝術發展是隨時代、環境再進步，而且前幾項的討論主題並非是單一的內容，有些是交錯而成的，因人因事因物而有主張，也因此在陳述台灣水墨畫教育與發展中我們仍然要注意到下

列幾項常被忽略的重點，也是本文未來深切繼續研習的重點。

其一是文獻、物件的搜集、要有明辨真實的步驟，以及它們在時空中所應呈現的藝術性觀點，因物件的搜集與優劣判斷，也會影響研發者的論述內容。

其二是台灣水墨畫的發展是否深受傳統文化與世界美術思潮的影響，除了先前專家學者的討論外，促發藝術工作者的創作動能，例如1990年台北市立美術館就舉辦一項大規模的美術思潮的學術研討會，邀請國內學者就美術思潮影響下的台灣美術的變易與發展，其中討論到在80年代到90年代中，台灣的鄉土藝術後現代主義的興起、以及新思維的美學觀，對於台灣水墨畫的形質有很多的探求與研究。類似這項有直接對水墨畫思想的研討會，國立歷史博物館與高雄師範大學合辦二次「東方美學與文學」的討論會，旨在闡明台灣水墨畫的時代性意義、值得再深入研究。

其三，近代百年來台灣水墨畫家在寶島社會發展中，已經有相當成功的美學表現。其中如傳統中以「筆墨間神與趣會，書畫妙境也」（清，邵梅臣）的評論，以及「縱使筆不筆、墨不墨、畫不畫，自有我在」（石濤）的心性，或是「不是我畫什麼，而是我表現什麼」的現代性，或者說當代的觀念美學的追索，已把台灣水墨畫的層級提高了，也多元了。好借古開今、民俗文化、寫生開境，文藝交融等等的傑出畫家與畫作，已然在台灣水墨畫界獨豎一幟。

其四，進入廿一世紀，水墨畫藝術的創新，已然為國際藝壇的注目亮點，除了藏家外，博物館、美術館有系統典藏水墨畫作品成為普遍現象，台灣的水墨畫正是「台灣藝術風格」的標記，藝術家們的創作方向與表現更為多元，更具性格的獨鳥盤空的境界，將不只是前述的文化傳承，也是開拓世紀水墨畫的趨動力。

藝術家創作在於情思、時空、歷史與社會情狀的反應，也是繼往開來的創意工程。深信它的功能是「藝術興邦都在創新；水墨畫境意義深遠」；藝術發展的環境條件與社會開發的理想，隨者時代進步而有不同的成效與作品。

七、圖例賞析

　　這幅畫是林玉山教授的名作，也是近代最具台灣水墨畫藝術的精典作品。當然在純粹美學表現上的藝術性、時代性、更具歷史性的傑出作品，亦可代表台灣水墨畫藝壇的代表性作品。

　　或許，林玉山教授作品中，不乏有更為精美的作品，但在藝術品創作中，能在美感的掌握、具備社會性的時代作品，此幅藝術創作之動能，集合了作者的才學、修為、思想、情感，以及技巧、畫法高超表現則值得再三賞析的。

　　其一，時間性的掌握，亦即時代性抒情，充滿了鮮活的景象。1994年的台灣正是二戰末期，台灣農村的主要生產力，除了一頭水牛是作物栽培的動力外、人力的調配，也從男性轉為女性，因為當時的壯丁參予軍務的情狀，極為需要孔急，農村只有委由婦女操作工作此其1；再者，水牛在農地耕種甘蔗、或農作物，是家中的不可或缺的動力，也是家庭中的財力象徵，人與牛之間的情感是濃郁而溫馨的，台灣人不吃牛肉的忌口，大致上把牛也人性化景境，在畫上顯現無餘，此其2；再次是牛背上的甘蔗葉放在歸途中，是為了夜間水牛的糧食，而這隻水牛在白天可能已駄完或拉車完畢後的犒償。重要的環境記情，甘蔗的產業是當時的經濟重要作物，作者審視後的選材，更具社會現象與真實，此其3；另者是婦女的妝扮是台灣農村婦女的習俗，必是蒙面帶笠，手腳裹布包身，以防太陽日曬，並守民俗中的身份尊貴，此裝扮情況與惠安移民有關，來自福建的風俗在台灣重視等等。

　　其二是空間的掌握，從農田到家的路途上，不論在景物的安置上，有種超越剎那存在而成為永恆的環境感應。凡在農村工作過的經驗，都能體會這幅畫的環境背景，雖然沒有其他的農舍出現，卻可看到牛腳步履穩健而信心十足，牽牛的婦女在路途上表情安適，與牛的默契達到相互照應的功能，而且充滿了超動力。在純粹的主體表現中，農村景象滲入畫境令人感動。

　　其三是技法的純熟與生動，已經看不出還得分析才明白六法中的氣韻生動，或其他五法的解析。林玉山教授曾說是在創作、不是在畫物象

林玉山　歸途　1944　絹、彩墨　154.5×200cm　臺北市立美術館典藏

而已，那麼，人的表情、牛的重量，以及牛繩的質量與動態，也帶動整張畫質的美感、以藝術性的玄思，有種深入人心的情思境界，是技法為畫者所用，在「外師造化、中得心源」中，技法是藝術必備具本事的重要條件，它在化境中，有了劃時代的精神存在。這幅畫的說明簡述如上述。

從美學觀點是水墨畫的極致創作，從內容而言描述戰前台灣社會景象，亦步亦趨說明時空的精彩作品，從社會發展與歷史陳述、它的表現是當時社會的溫度，也是歷史過往的真實。

這幅是名作是陳進女士的代表作，也是台灣水墨畫作的精典之作。它不僅是陳進女士的力作，更是台灣藝壇創作出台灣風格的精典之作。

不僅僅是水墨畫作品或說是重彩水墨畫，更重要的是此幅畫境的張力，已經是台灣藝壇精典表現的代表作品，比之其他名畫更為突出與重要性，

陳進 悠閒 1935 絹、膠彩 161×136cm 台北市立美術館典藏

　　從畫幅的設計與結構，不難看出此畫的構思與表現、來自台灣社
會生活較富裕家庭的啟發、或是在日據時代，自大陸移民到台灣之後所
衍生的文化傳承，或生活價值的憧憬，至少從這張畫可以看到在被殖民
時空中，社會意識仍有一股文化認同與精神文明的學習，且在暖暖溫情
中、家庭中的人性修為成就美感的體驗。或者說：「經驗即為藝術」，
陳進女士不言明的藝術美於焉形成。

　　欣賞這幅「悠閒」畫質，從技巧上看完善的筆法與構圖，就像一
位建築家的建造高樓大廈一樣，安穩、美觀、精確而新穎。在畫面上的

安排，不論是人體的比例、景物的安置、或色彩與結構的巧妙，在「無意」中出現了作者「有意」的人文內含，也是一般觀賞者在欣賞這張畫時，就像自己美好的生活情狀一般，既真實又理想的情境油然而生。

當然更細節的賞析，便是畫質上所應用的技法，在被稱為重彩畫，或工筆畫中，我倒覺得它是張專家為重的院體畫，只求畫面的完善，技法在「有無」中滲入了作者才情的融解，例如畫面中的帳簾與紅眠床的質量表現，除了薄如蟬翼與重如石墩的對比外，只覺得畫面確實是生活中的實景與現象，直攝取生命的真實中得到不變的物象，而產生了一種任誰都嚮往是理想實境。

事實上，對於這幅名畫，我曾請教過陳進阿嬤創作時的心緒。她直接了當地表示就是要求美啊！美是何物，美是漂亮嗎？是完善嗎？是舒適嗎？是理想嗎？她說都是，也是一種需要。

那麼需要包括心靈與物象的藝術創作，這張的客體與主體究竟是些什麼呢！

主體內容描述一位貴婦女的居家生活、有著閨房的陳設、生活環境的幽雅，甚是有教養婦女的學習課程，隱喻生命的價值在生活日常的客觀條件，例如畫中有關的床俱是自廣東進口的花雕紅眠床，薄莎罩簾是蘇州製的絲織品，還有坐椅雕刻是閩南師父的手藝，甚至床單、手飾等等佩件，來自漢人或是福建引進的樣式，包括沈香盒、藤胎膝飾的枕頭、件件高貴而幽雅最重要的是婦女所握的一本「詩韻全集」正是當年台灣貴婦必備的文學修養。學習漢文作詩是一項修養、也是理想在此，我們可以看到這張畫的創作背景正是艾斯納（E. W. Eisner）主張的「藝術中的教育」背景。當年正值日據時期、在皇民化之際，藝術家的創作有種內在反思的需要，也是當年台灣人的心思、思美、思善、思文化的動機下，藝術在那，祖先的志業在那？

陳進女史的這張名作正符合時代的社會意識，也是歷史自發的善行，刻記著時空美感價值與美善的表現。此刻再研究畫中的技法，不正是多此一舉嗎？何況並無缺失的畫面長存台灣人文精神的美學。這張所表現的台灣藝術之美，就是近代最為突出的水墨畫創作。

地球何許　劉國松
1969　115.5×77.7cm

　　當代水墨畫中，以現代或當代命名的畫作，劉國松教授的這幅名
作，最能說明他所主張的美學觀與創作觀的代表作，也是現代藝術中最
精典的水墨畫作品。

　　這張畫之前的水墨畫，劉國松教授主張以感悟與體驗來學習中國
繪畫的傳統，也提醒自己或同儕必須要有「自我」的精神學畫，甚至要
革去中鋒的命。當然這只是信念的宣示、並在繪畫技巧的應用主張多元
嘗試，以「實驗」代替「成規」，簡言之，就傳統的經驗固然是中華文

化中的創作經驗，卻也是一面反映時空面向的鏡子。繪畫創作之可貴、在於「新」與「奇」之間的嘗試，也就是他在探討現代水墨畫美學時的「實驗」性，一如科學在實驗室證明真理的重要。

有了這項觀念，僅接的是國粹中的精華，如范寬的「谿山行旅」以及唐代以來，宋元之間的大畫家們，都有個人性格的表現，都是掌握時空精神的藝術創作，他們經驗是否也提供給現代人乙份「創意」的基因？是否對這些感動人心的大作品所具備條件是在那裏？有了自省的空間，劉國松教授當然明白繪畫美學的要素在於內容的創新以及形式的改變。

形式美學在素材的應用，從主體美感建立之後：「形式與意義必須有所寄託於某種可感知之事務」桑塔耶那（G.SAntayaNa）。基於此，劉國松教授敏銳觀察西方藝術表現的形式，加入東方冥思的自然行動，開啟抽象中的心靈自由，並且展開實踐力量。除了從思想上綜合文化的精華外，在「實驗」的形式表現中，以新時代、新視野的心境，開拓了現代視覺經驗的水墨畫形質，其中包括了新穎而有生命力的技巧，並從水墨畫中的皴法習慣、反白的線條作為新技法水墨畫美學的記痕。

當然徒有技法不足以說明水墨畫表現的內涵或美感，而是以他這幅名作「地球何許？」為例，正也說明當下藝術工作者應該趕緊追上時空性的歷史過程，才能創作好的作品，好的藝術美問世。

若藝術的創作具備時代性與社會性的內涵，甚至說與生活環境相契合的作品，必然在作品中反映社會發展的動機。「地球何許」創作於1969年，美國太空人阿姆斯壯登陸月球後的構思與製作，當全世界最具新科學新知識傳訊之後，劉國松教授第一時間就感受到巨大的震憾，在情勢上感應到千萬年來，人類對月球的幻想與崇拜，一夕之間所想像力開始移動了，估不論綺麗想像幻滅了，但從月球向地球觀看，是否像在地球看月球的心情略似呢！劉國松教授開　創作的意向，創作了「地球何許」的反思，集中全人類的意志，表現出新世紀的創意實踐，包括「地球何許」的命名是多麼氣勢滂沱啊！集新知識、新想像具備時代性、社會性的創作，豈不是藝術美學最造極的作品嗎？

黃光男　王道之行　2018　136×342cm

　　藝術創作的文化因素，「一方面文化結構導源於自然因素，另一方面產生於社會需要」—豪澤爾（A.Hauser）如是說自然因素中有傳統經驗，有自然生態的常性；社會需要則著重在創作者的社會意識，或稱之為社會現象的變易。兩者之間本是相輔相成，方能創作具有藝術美的表現，惟在水墨畫上的社會性發展則往往被傳統的藝術「規則」束縛，常使畫面有形而無質的作品出現。

　　事實上，每一個時代與環境並不重複，所以藝術表現也得須增減所要之素材，尤其在自然景象外的社會發展與現象才是藝術創作的重點。從古至今實例很多，唐宋、元明清各名家，均在內心修為上表現各個不同的繪畫風格，建造各個領域的顛峯。在此不再贅述。

　　基於繪畫創作在社會發展的真實下，我試著將自然景物加以歸納與寄情（沒有違背美學原理），使之成為繪畫創作的素材因子，消化它的性質與之美感的關係，再重新構成現實社會應有的情思世界，或許也可以說是以藝術社會學為觀點，每創作一幅畫，必然可以反映畫旨上的美學張力，尤其是水墨畫常標示的「外師造化、中得心源」相契合吧！

　　我的作品，不論是寫意還是抽象，心有所感、筆有所用的情況產生諸多的新時代、新風格的水墨畫。在此選出一張「王道之行」說明上述的意念、祈望方家指教。

　　「王道之行」是2018年創作，全幅136X342cm分為五聯屏。取材於台北市仁愛路的街景，這一街景是迎賓大道，自松山機場到總統府的綠

蔭大道。大致有六條車道與人行道寬敞優美,除兩旁植栽以菩提樹或榕樹之外,中間分隔道或兩車道中植有大王椰子,而在樹下各有籬花如太陽花、仙丹花、或杜鵑花陪襯。大道蒔草整齊花木扶疏煞是美觀宜人,尤其大王椰子永遠超越鄰樹有矗立王象之勢。

面對近百年的街道景色、又是迎賓大道如此氣象萬千,似乎可以看到貴賓,從機場到總統府晉見元首的場景,一面是迎風搖曳如龍鳳呈祥的大王椰子樹影;一方面是如國際元首、親王的身份、兩者交織的街道,真是氣象萬千、國泰民安的巍巍風範,在構圖上採以窗軒之景、以內觀外、框外則以大王椰子為主調,而鳳葉狀以裝飾雙鈎法描繪蓊鬱情狀,上框再以喜鵲為慶,下框煙霧前的加令鳥象徵交誼熱絡,時值三月天滿場杜鵑花盛開、笑臉仰人、再施以青石為鼎力之質如此這般。將台北氣象描繪於宣紙上,既得傳統文化質性,又以現場風情為創作對象,並以詩句唱和畫境之內容,自有新世紀、新視覺的美感呈現。詩句如下

其一、春到寶島三月花,王道之行臺北行;椰影搖曳迎賓客,仁愛居所聚群英。

其二、十全靈禽飛來喜,年年等待春花開;大王椰子矗立處,水氣浮昇好運來。

其三、加令候居椰影前,迎接國賓得友誼;王者即見行道樹,攜手共撐正氣先。

其四、圓柱植栽綿延天光、景春升逾百年;迎接國賓必備道、四維八德有福田。

此幅水墨畫,描繪個人對於現實社會的實相:有時空象徵、有文化經驗、更有藝術美表現的圖象,力求美感永恆。

參考書目

· 林柏亭著,嘉義地區繪畫之研究,國立歷史博物館,1995。
· 現代水墨畫研究,朵雲51集,上海書畫出版社,1999。
· 當代文化路向——活水文化講座,中華文化復興運動組會,1991。
· 中華民國美術思潮研討會論文集。台北市立美術館,1991。
· 黃光男策畫·台灣水墨畫,藝術家出版社,2013。

國家圖書館出版品預行編目資料

水墨畫藝術美學與發展/黃光男,黃慶源,
鄭佳耀,徐嘉霙,鄭世昱,湯玳,賀琛博合
著. -- 初版. -- 臺北市：藝術家出版社,
2022.09　　　　　128面 ;17×24公分
ISBN 978-986-282-302-6（平裝）

1.CST: 水墨畫 2.CST: 繪畫美學 3.CST:
畫論 4.CST: 文集

944.7　　　　　　　　111011435

水墨畫藝術
美學與發展

黃光男 / 策劃

黃光男、黃慶源、鄭佳耀、徐嘉霙、鄭世昱、湯玳、賀琛博 / 合著

發 行 人　何政廣

主　　編　王庭玫

美　　編　郭秀佩

出 版 者　藝術家出版社

　　　　　台北市金山南路（藝術家路）二段165號6樓

　　　　　TEL：（02）2388-6715～6

　　　　　FAX：（02）2396-5707

郵政劃撥　50035145 藝術家出版社帳戶

總 經 銷　時報文化出版企業股份有限公司

　　　　　桃園縣龜山鄉萬壽路二段351號

　　　　　TEL：（02）2306-6842

製版印刷　鴻展彩色製版印刷股份有限公司

初　　版　2022年9月

定　　價　新臺幣280元

I S B N　978-986-282-302-6（平裝）

法律顧問　蕭雄淋
版權所有・不准翻印
行政院新聞局出版事業登記證局版台業字第1749號